Raoul Schrott

INVENTUR DES SOMMERS
Über das Abwesende

Hanser

*Dem Wesen des Vorübergehenden gemäss wird im Deutschlandfunk
Kultur bis zum 26.3.2024 unter dem Reiter ›hoerspielundfeature.de‹
eine Radiofassung dieser ›Inventur des Sommers‹ zu hören sein.*

INVENTAR DER ZWISCHENRÄUME I

Das Abwesende ist zunächst bloss eine Frage menschlicher Beschränkung. Das darin abspenstig gewordene Wesen geht auf die indo-europäische Wurzel *wes – ›verweilen, übernachten, wohnen‹ – zurück; es benennt den Aufenthalt in einer Behausung, die vor Wind und Wetter ähnlich Schutz bietet wie die ebenfalls von *wes abgeleitete Weste.

Da der Mensch nunmal ungern im Freien schläft und um seine Sesshaftigkeit vom Vegetieren eines Tieres abzuheben, wurde dieses häusliche Leben bald mit dem Sein gleichgesetzt: weshalb ›sein‹ nunmehr zusammen mit ›wesen‹ konjugiert wird, ohne dass diese beiden Existenzformen an sich je ident ›gewesen‹ wären. Wenngleich: in den Zeiten der Ausgangssperren wurde unser Wesen fast nur noch durch das Wohnen bestimmt.

Etwas Abwesendes ist also zumindest etymologisch das, was wir gerade nicht vor uns sehen, zur Hand haben oder in unserem mehr oder minder grossen Anwesen vorfinden. Darüber hinaus bezeichnet es Dinge, die sich uns auf umfassendere Weise entziehen.

Über Abwesendes begann ich unvermittelt eines Abends nachzudenken, an dem das Licht ein flach gewelltes Meer weiss aufglänzen liess, bevor es schliesslich abdunkelte und hinterrücks der Erdschatten aufstieg, Dämmerungsstrahlen nach sich ziehend, um mich zu fragen, was diese Phänomene eigentlich über die untergegangene Sonne verraten – und weiter: was sich in Zurückgelassenem, Hinterbliebenem an Fortgegangenem, Verlorenem bewahrt.

Das Absente erschien so zunächst in einem Zwischenraum, in dem etwas noch nicht ganz verschwunden ist, Reste seiner noch aufflackern und zurück auf sich verweisen wie eine Rauchsäule auf ein verborgenes Feuer, eine Fährte auf ein Tier oder ein Gedicht auf seinen Gegenstand. Was also sagt das Abendrot über den Plasmaball unseres Zentralgestirns aus und was die Nacht dann? Zunächst, dass sie als Erscheinungen auffallen, die von etwas ausgelöst werden, von dem sie zeitlich wie räumlich entfernt genug sind, um eigenständig zu wirken.

Die Frage, was sich von einer vergangenen Ursache auf das Hier und Heute auswirkt und wie es darin verwandelt zum Vorschein kommt, lässt sich auch auf den Verlauf eines Lebens übertragen. Um dann wiederum wissen zu wollen, inwieweit es bloss in Abschnitten greifbar wird und inwiefern wir uns in Übergängen wiederfinden, in existentiellen Lücken. Was wir alles ins Unbekannte projizieren, als HOCHZEITSREDE an noch nicht Vorhandenes. Was von uns bleibt und was wir zurücklassen, wenn wir gehen, hier wie dort, und wer wir dann als RÜCKKEHRER sind. Was wir nach aussen hin an Präsentem zeigen und was nicht. Was von uns überhaupt da ist. Und was ewig absent bleibt, nie anwesend werden kann. Ob es nur das Unbewusste ist und dieses wirklich ständiger Repression unterliegt. Ob das Abwesende dann die andere Seite des Ichs darstellt. Inwieweit dieses ›Ich‹ in der ›Natur‹ aufgeht. Wann das Eigene mit dem Fremden verschmilzt, die Wahrnehmung des Eigenen durch Fremde damit und das alles auch miteinander – um dann spiegelverkehrt an jenem Horizont des West-Östlichen aufzugehen, von dem SULEIKA SPRICHT. Was dabei von einem an- und was abwesend ist und was schon ähnlich homonym und doppelsinnig geworden ist wie die Worte ›Schöpfer‹, ›Gläubiger‹ und ›Geist‹, ›Pole‹ und ›Finne‹ oder selbst ›Mensch‹, in seiner zweideutigen Bezeichnung eines Kollektivs und eines Individuums.

Ob ein im Wald umstürzender Baum noch krachend auf den Boden prallt, wenn keiner da ist, es zu hören, oder der Mond am Himmel steht, wenn ihn niemand erblickt, ist ein altes philosophisches Problem. Auf quantenphysikalische Wellen und Teilchen bezogen, rückt dabei der Akt der Beobachtung in den Vordergrund, der das bis dahin Überblendete zweier unterschiedlicher Erscheinungsformen von Energie in eine einzige materielle Wirklichkeit überführt – dem Begriff der Länge vergleichbar, wenn sie nur noch zeitlich oder räumlich gilt, ohne beides zugleich mehr zu umfassen.

Poesie vermag solche Reduktionen wieder rückgängig zu machen, indem sie Worte wie ›Himmel‹, ›Geist‹ und ›Erde‹ so setzt, dass ihre zwiefachen Bedeutungen wieder gleichzeitig wahrnehmbar werden. Oder indem sie uns durch den Blick auf das weisse Rauschen einer sich erst umrisshaft abzeichnenden Welt diese am Papier durch Vergleiche und Metaphern vor unser inneres Auge stellt: um uns eine solche Welt gleichsam zum ersten Mal wahrnehmen zu lassen, bevor sie wieder in ihren überkommenen Formen, in Bäumen, Mond oder Geräuschen im Wald aufgeht. Dies ist nicht als poetologische Phrase gemeint: ich will ausdrücken, wie es ist, morgens den aus dem Nachtdunklen ins Blaue changierenden Himmel zu erblicken und sich zu fragen, was er einem und man in ihm bedeutet – indem man weitestmöglich von sich absieht. Ohne ein solches sich dem Aussen öffnendes Schauen kein Gedicht.

Der Vergleich von poetischer und physikalischer Beobachtung ist weniger gezwungen, als es den Anschein hat. Die auf unsere Pupillen treffenden Wellen von Licht nehmen wir auch als Teilchen wahr, wie dies auch jene Einzeller tun, aus denen wir vor bestimmbaren, aber dennoch unvordenklichen Zeiten hervorgegangen sind und deren genetische Grundrisse uns selbst noch als Mensch formen. Jedwede unserer Wahrnehmungen wird von Quanten ausgelöst, ohne dass uns dies im herkömmlichen Sinne bewusst wäre, weil unser Bewusstsein diese unzählig vielen basalen Reaktionen umschliesst und in eins führt.

Das Ich ist ein Konstrukt, das angesichts unaufhörlich wechselnder Sinnes-reize eine ebenso kontinuierliche wie reduzierende Wahrnehmung herstellen muss; da unsere Neuronen Signale weit langsamer übertragen, als die sie aus-lösenden Umweltreize sich verändern, kann der Rahmen unseres ›Ich‹ immer nur jene Impulse bearbeiten, die gerade neu sind und relevant erscheinen. Es integriert sie reflexhaft, damit jenes geschlossene Bild entstehen kann, das uns die ›Welt‹ scheint. Kontakt zu ihr haben – und halten – wir jedoch mittels grösstenteils unbewusster Sinneseindrücke elementarster Art. Ohne deren Pixel bliebe ihr Schirm dunkel, ohne deren Signale jedes Da-Sein ein NACHTFLUG ohne Instrumente; das ›Ich‹ ist bloss der Geist in der kog-nitiven Maschine, mit der wir durch die Welt navigieren. Solch fundamen-tale Wahrnehmungen zur Sprache zu bringen, wie auch immer figurativ, gehört mit zur Frage, wer wir in der Welt sind und wie.

Ebenso grundlegend zum dichterischen Denken gehört es, vom ›Ich‹ ab-zusehen, um zu einem ›Mir‹ wechseln zu können, im Bemühen um ›reine‹ Wahrnehmungen, wie sie auf vorsprachlichen Ebenen beginnen, dem Ge-wohnten entrückt. Rilke und Valéry haben einen solchen Blick auf Dinge einst zum Programm erhoben, um damit das sonst vom eigenen Ich Über-schattete oder Übersehene in einer Ahnung von Welt ›an sich‹ herauszu-arbeiten: was ironischerweise zu sehr persönlicher Lyrik führte.

Die von Bischof Berkeley gestellte Frage, was ein ›Baum‹ ist, wenn niemand da ist, um ihn als solchen wahrzunehmen, beantwortete er mit: zu sein heisst, wahrzunehmen und wahrgenommen zu werden. Die Existenz nicht wahr-genommener Dinge zu beweisen sei ebenso unmöglich wie der Beweis, dass das, was wir uns vorstellen, ausserhalb unserer vorhanden ist.

Was er damit in den Raum stellte, ist das Abwesende. Oder vielmehr: er stellt es ausserhalb jenes Raumes, in dem es für uns zuvor präsent war – denn ohne vorherige Anwesenheit lässt es sich ja nicht als abwesend bezeichnen.

Doch was gibt es, das stets präsent wäre, ohne jemals abwesend zu sein? Das Universum und seine Naturgesetze, höchstwahrscheinlich – allerdings nicht mehr (obwohl dies letztlich alles umfasst). Alles Einzelne in der Welt, all das, was wir ihr aufgrund persönlicher Erfahrungen und kollektiven Wissens zuschreiben, ist hingegen zum allergrössten Teil und die allermeiste Zeit abwesend. Der Baum, sein Wald oder der Mond, sie haben auch hier seitenlang bloss existiert, indem Worte auf sie verwiesen. Mehr noch: über sie gründlich nachzudenken gelingt erst, wenn sie als reale Objekte absent sind; dann können wir sie für unsere Überlegungen negieren, modifizieren, miteinander kombinieren. Im Gegenteil: über jemanden zu reden, der vor einem sitzt, über etwas zu sinnieren, das sich im selben Raum befindet, gelingt meist schlecht, weil jede Art von Präsenz vereinnahmt. Denken braucht Distanz, um abstrahieren, sich von den Dingen ›abziehen, entfernen und trennen‹ zu können. Alles, was sich in diesem Buch findet – Wörter und Sätze ausgenommen –, ist abwesend: und trotzdem präsent.

Unter diesem Blickwinkel ist Geschriebenes einem Namen vergleichbar, der etwas benennt, das sich dank seiner in absentia vorstellen und verhandeln lässt: Absentes wird präsentierbar, indem man es benennt. Ein Name repräsentiert es, wodurch es zugleich ebenso an- wie abwesend ist. Lesen heisst, sich in diesen Zwischenzustand zwischen Ab- und Präsentem zu begeben, eine Zeitlang darin zu leben, während das sprachliche Dazwischen des Schreibens die Nähe zu einer sich immer wieder neu ausformenden Welt herstellt, in der alle möglichen Arten von Bäumen wachsen und fallen, ohne dass es je letzte Gewissheit geben könnte, was sie in welcher Wirklichkeit darstellen. Gedichte geschehen auf die gleiche Weise: sie reden vom Fehlenden und sprechen zum Anwesenden – jedes Mal im Unwirklichen von Worten.

Abwesenheiten lassen sich unterstreichen. Denn was mittels Begriffen präsent werden kann, lässt sich auch ins Unkenntliche zurückdrängen, eliminieren, negieren und ätherisieren, um Worte in der Realität enthobene Chiffren, surreale Metaphern oder Klänge für Lautgedichte zu verwandeln. Mit dieser Art von ›absence‹ vermöchte Sprache, meinte Mallarmé, sich dem Nichts anzugleichen, um mit reinster, von jeglicher Dinglichkeit abgelöster ›présence‹ Absolutes ins Wort zu holen. Was immer er darunter verstand: von einer solchen Metaphysik des Hermetischen sind nur psychologische Vektoren übriggeblieben, die im Umweg über unsere Befindlichkeiten letztlich nur wieder zurück auf die Welt verweisen. Sie beim Schreiben aussen vor zu lassen, heisst bloss, die sich derart öffnende Leere mit einem selbst füllen zu müssen.

Umgekehrt lässt sich auch ÜBER DAS ANWESENDE reden. Doch selbst da, wo es sprachlich anschaulich wird, in Vergleichen und Metaphern, können Worte nicht wirklich den Eindruck von Lebendigkeit hervorrufen. Das führt die gemeinsame Wurzel von ›gleich‹ und ›Leiche‹ vor: sie zeigt, dass beide Worte etwas benennen, das nur äusserliche Ähnlichkeiten mit etwas aufweist – ob zwischen zwei Dingen oder zwischen einem Menschen und seinem toten Körper. Das Wesenhafte, Lebenspendende, kurz: das Sein geht ihnen jedoch ab. Die Metapher animiert die Gleichsetzung von letztlich leblosem Äusseren zwar durch ein Ist Gleich zwischen ihren beiden Elementen, doch gilt diese Wiederbelebung nur unter gewissen Einschränkungen, sodass die Denkfigur nie wirklich vital wird: denn wann und unter welchen Gesichtspunkten wäre Liebe wirklich eine Rose? Zudem man bei ihr für das Gelingen dieser Metapher auf die Dornen samt vielem anderen vergessen muss? Das Bild einer Metapher erhält durch sein Ist nur ein kurzes, spezielles Präsens; ein Wesen jedoch, das sich vollumfänglich mit einer eigenen Vergangenheit und Zukunft manifestiert, erlangt es nicht.

Ein solches Sein ist jedoch das Entscheidende, um nicht zu sagen: Wesentliche. Denn was von uns nach dem Tod weiterwirkt, ist nicht das, was von uns übrigbleibt, sondern das, was wir verkörpert haben: unser Wesen. Was all die Grabreden, Nachrufe und Erinnerungen dann in den Raum stellen, ist weniger was als wie und wer wir waren. Doch auf welche Weise dieses Wie und Wer, dieses Wesentliche fassen?

Das LEBEN DES DAVID ALLENO stellt ein Fallbeispiel dafür dar. Es verwirklichte sich zu seinem dreissigsten Geburtstag, indem Alleno sich im Friedhof von La Recoleta in sein von ihm selbst erbautes Grab legen liess. Das Denkmal, das er damit von sich hinterlassen hat, manifestiert sich jedoch in mehr als nur einer Statue und einer Inschrift: es realisiert den Willen, bereits zu Lebzeiten Eigenständigkeit zu erlangen. Durch sein kleines Mausoleum verwandelte Alleno sein Da-Sein in das von ihm ersehnte So-Sein, in dem er sein von jeder herkömmlichen Gegenwart abgelöstes Wesen ausdrückte. Im jahrelangen Errichten des eigenen Grabmales wurde ihm sein Lebensentwurf immer greifbarer, der sich in der Vorstellung erfüllte, darin bestattet worden zu sein. Ein Leben in dieser erdachten Vorzukunft erlaubte schliesslich einen Selbststand, dem der Suizid kein Ende setzte, sondern dem er erst zur Vollkommenheit verhalf.

›Selbststand‹ ist ein gutes Wort für das, was ich zu verdeutlichen suche. Mir ist es im Umfeld einer Definition von ›Wesen‹ begegnet, ohne dass ich jemals zuvor darauf gestossen wäre; dem Kontext liess sich allein entnehmen, dass der Begriff die Eigenwilligkeit und Autonomie eines Individuums bezeichnet, seine Geisteshaltung als sozusagen profane, sterbliche Seele oder Substanz einer Person. In etwa diesem Sinn findet es sich in Grimms Wörterbuch: als auf den einzelnen Menschen bezogene Übersetzung der lateinischen ›substantia‹. Der dort angeführte Beleg besteht in einem Zitat des Dichters Lohenstein, demnach »die Leiber an sich selbst keine Selbststände sind: Schatten, die dahin fliessen«.

Solche Selbststände darzustellen, wird Literatur geschrieben, ob die über LEONORA CARRINGTON oder BUTCH CASSIDY, Menschen in ihren Wahnvorstellungen oder einen BACKGAMMONGROSSMEISTER. Sie bringt sie in TOTENREDEN auf und in Gesprächen über die Bühne, indem Verstorbene verlebendigt werden, sie das Wort ergreifen und das Abwesende an ihnen damit gleich doppelt ins Bewusstsein gerückt wird: in dem gleichnamigen Kapitel dieses Buches handelt es sich übrigens samt und sonders um Lieder, die auf wahren Ereignissen und Biographien beruhen.

An allem Absenten bleibt, wiewohl ungreifbar, Wirkliches haften: so, als wirke es noch ein wenig aus dem Verborgenen, Verschwundenen weiter. Denn um als abwesend zu gelten, muss jemand zuvor anwesend und damit real gewesen – und zudem nicht vergessen, sondern in Erinnerung geblieben sein: was dem Absenten beidesmal den Anschein verleiht, als Agens weiterhin vorhanden zu sein, irgendwo, irgendwie.

Das ist der Aspekt des Abwesenden, der mich anzieht: seine wie auch immer illusionäre, rudimentäre Anwesenheit, ob ich nun auf die Stelle schaue, wo der Walnussbaum stand, den ich gefällt habe, an den Wald denke, der hinter dem Haus beginnt, beim Blick aus dem Fenster den Schein sehe, den der bald an der Hohen Niederen aufgehende Mond vorauswirft, oder darauf warte, dass es an der Tür klingelt. All das Abwesende, Unsichtbare, sich erst Abzeichnende oder Erwartbare besitzt eine Präsenz, ob als Erinnerung, Vorstellung, Ahnung oder Gedanke: es ist ein ›Es‹, das nie ganz leibhaftig wird und doch bildlich ist. Selbst wenn dieses Es sich auf bloss momentan abwesende Menschen bezieht, hat es etwas Unpersönliches, dem ›es wird Nacht‹ gleich. Es ist ein Phantom. Doch selbst als Hirngespinst, Trugbild oder Tagtraum bleibt es eine Erscheinung, die als solche sichtbar wird oder sich auswirkt – und somit dem Abwesenden, das nicht da ist, genug Realität verleiht, um es in den Raum zu stellen. Das ist das Paradoxale am Abwesenden: dass es irgendwie, irgendwo da ist, da sein muss – denn was zuvor nicht als präsent erlebt wurde, kann sich nicht absentieren.

Das führt zu den Musen, mit denen ich mich beschäftige, seit ich vom Schreiben zu leben begonnen habe, ohne jemals an sie auch geglaubt zu haben. Anfangs war ich überrascht, dass sie wirklich einen Ort hatten und der ihnen geweihte Berg Helikon oder das Tal der Musen darunter nicht ebenso irreal waren wie Shangri-La und so mythisch wie das geflügelte Dichterross Pegasus. Darüber wurde ich natürlich neugierig, was das nun für Quellen waren – Hippokrene und Aganippe –, von denen die Poeten der Antike behauptet hatten, dass der Trank ihrer Wasser sie inspiriere. Diese einmal samt dem ersten Museion im Gestrüpp, im Wald, am Berg beim Geburtsort Hesiods wiedergefunden, kehrte ich wiederholt dorthin zurück, ohne recht zu wissen, warum. Bis mir klar wurde, dass ihre Landschaft meiner Arbeit schon aufgrund dessen ein Bezugspunkt bot, weil selbst profan gewordene Rituale noch einen Fokus auf das erhalten, dem sie sich widmen. Auch auf einer Pilgerreise nach Santiago ist längst nicht mehr der heilige Jakob, sondern der Weg wichtig, das Gehen – welches mich in Böotien auf immer wieder anderen Steigen den Helikon hinaufführte.

Bei diesem Bergsteigen fragte ich mich bald, wo die Muse eigentlich herkam und wer oder was sie wirklich gewesen war: es handelte sich ja, auch wenn niemand sie mehr ernst nahm, um meine Berufsgöttin. Um schliesslich herauszufinden, dass sie ursprünglich aus Nordsyrien und Anatolien stammte, Hepat-Musuni – ›Hepat-Die Ordnende, Fügende, Gesetzgebende‹ – geheissen hatte und kraft ihrer Rechtsprechung zuständig gewesen war für das Ethos einer Gesellschaft: weshalb sie soviel Streit zu schlichten hatte, dass sie einen ganzen Reigen von Göttern als ihre Sprecher und Stellvertreter rund um sich benötigte, aus denen später die Vielzahl der Musen wurde. Die Griechen hatten im 8. vorchristlichen Jahrhundert unter Hepat-Musunis Sitz auf dem uns als Musa Dagh bekannten Ausläufer des Amanusgebirges einen Handelsposten besessen, was schliesslich dazu führte, dass sie diese höchste Göttin Kleinasiens und des Nahen Ostens unter den Namen Hekate, Harmonia, Themis oder Muse nach Griechenland brachten.

Zu dieser, Hesiods Zeit wurden im Musental noch die leicht bearbeiteten Kalkfelsen beim Zugang zum Altar verehrt samt dem an ihnen entspringenden Wasser, das – wie auch die hinter dem Hügel liegende Aganippe – eine eigene Einfassung nach hethitischem Vorbild erhalten hatte. Das galt auch für die berühmte Dichterquelle Hippokrene: das massive Mauerwerk des solcherart zu einem ›Erdweg‹ erweiterten Felsspalts am Gipfel des Helikon entsprach der rituellen Quellgrotte in Hattusha ebenso wie die religiöse Topographie des Musentals den vielen Quell-, Fels- und Baumheiligtümern Anatoliens.

Wie dort rief man auch in Griechenland die Muse so lange als Rechtsprecherin aus ihrer Unterwelt, bis diese den höchsten männlichen Göttern Aug in Aug gegenüberstehende Göttin den misogynen Hellenen zuviel wurde, man ihr Apollon als Musenführer voransetzte und dessen Tempel daraufhin ihre Orakelstätten okkupierten. Die richtende Muse und die mit ihr austauschbar gewordenen Stellvertreterinnen – der Plural der ›Musen‹ – wurden darüber dank ihrer nicht nur weissagenden, sondern auch rhetorischen Fähigkeiten, ohne die kein Gerichtsverfahren, keine Urteilsverkündung, kein politischer Akt auskommt, zu Schirmherrinnen der einzelnen, nach eigenen Prinzipien geregelten, geordneten Künste und der nach allgemeingültigen Gesetzen suchenden Philosophie degradiert. Derart verkamen sie im Laufe ihres jahrhundertlangen Wirkens schliesslich zu Schauspielerinnen, femmes fatales und pin-up girls für Dichter, sodass man heute das Worte ›Muse‹ nicht mehr in den Mund nehmen kann, ohne des Sexismus verdächtig zu werden.

Von ihnen als Verkörperungen der Künste zu lesen, ob in der Antike, der Renaissance oder in den heute spärlich gewordenen Zeugnissen, heisst, ihnen nun als je nach Epoche anders ausfallenden Platzhaltern für die Inspiration, Legitimation und Rezeption von Literatur zu begegnen. Was mich daran interessierte, war die Frage der Inspiration: was das Wasser ihrer Quellen damit zu tun hatte und was das Reden rund um Baum und Fels, von dem Hesiod in seiner Liturgie der Musen spricht.

Dabei wurde erst in Anbetracht ihrer Herkunft klar, dass sich dieses inspirierte Reden auf Naturorakel bezog, bei denen das Knacken eines Baumes, sein Rauschen im Wind, der Klang eines angeschlagenen Steins gedeutet wurden – indem Fels wie Baum in jener Unterwelt wurzeln, aus der man die Muse emporrief. Sie kam aus Quellen, Flüssen und Grotten herauf zu uns, da diese als Zugänge zum Hades gesehen wurden. Als Göttin der Gerechtigkeit hatte die Muse in der Unterwelt zuhause sein müssen, da sie dort unter den Verstorbenen weilte (weshalb Musen auch noch später auf Sarkophagen abgebildet wurden, ohne dass dies noch irgendetwas mit den Künsten zu tun gehabt hätte). Allein die Toten konnten der Muse Auskunft über Geschehnisse der Vergangenheit geben, die, antikem Denken zufolge, alles Übel der Gegenwart und Zukunft bedingten: um Recht sprechen zu können, muss man über Ursachen, Gründe und Erbsünden Bescheid wissen. Es ist also erneut Absentes, das sich auf die Gegenwart auswirkt. Die Rolle des Wassers war dabei eine kommunikative: die Muse war eine Emanation des Wassers, dem sie entstieg, im selben Masse wie das Wasser eine Emanation der Unterwelt war, aus der es und in die es wieder floss.

Zwei Sommer lang, den Lockdowns des immer unerträglicheren Anwesenden endlich entkommen, fuhr ich so mit einer Fotografin all die Orte ab, an denen die Musen in Griechenland verehrt worden waren. Mehr als ein gutes Dutzend waren es nicht; und überall boten sie denselben Anblick, sodass man

bald wusste, wonach suchen: Felsformationen und Höhlungen in einem Talschluss oder auf einer Anhöhe, jedesmal da, wo Wasser entsprang.

Den nächsten Sommer fotografierten wir die Orte in der Türkei ab, wo
man die prototypische Muse Hepat-Musuni verehrt hatte, um auf dieselben
Topographien zu stossen: Felsfinger im Karst bei eingefassten Quellen und
heiligen Teichen. Dort wurde die ›Sonne der Erde‹, diese mütterliche Göttin
der Gerechtigkeit und des Geschicks, manchmal auch zusammen mit ihrer
Tochter und mit ihrer Enkelin dargestellt: doch meist gesichtslos und nur halb
aus dem Gestein herausgehauen – wie die Altäre für sie, die man als flache
Stufen aus dem ihr heiligen Fels meisselte, Opfergruben und Nischen daneben.

Es war eine Religion des Karstes, die mir da begegnete, indem Wasser am
Kalkstein austrat, Seen ohne sichtbare Zu- und Abflüsse entstanden, Flüsse
in Plateaus verschwanden, um sie unterirdisch zu durchströmen, Höhlen
sich darin der Unterwelt öffnend, während aus der grünen Macchie helle
Felsfiguren aufragten, die als Manifestationen des Göttlichen verehrt wurden, und aus dem Gestein austretender weisser Sinter und Kalkmilch Fruchtbarkeit suggerierten.

Ich schreibe dies so ausführlich, weil mich diese Gestalt der Muse in den
Bann zieht, während mir ihre Darstellungen in Statuen, Mosaiken und spä-
teren Gemälden mit ihrer harmlosen, bestenfalls ästhetischen Lieblichkeit
überhaupt nichts sagen. Die Orte hingegen, an denen sie verehrt worden war,
führen mir etwas vor Augen, indem sie wie alle heiligen Orte einen panora-
mischen Blick erlauben, der einen Bezug zur Landschaft herstellt, eine erlebte
Nähe zwischen Mensch und Fels und Grün.

Als Verkörperung von totem Gestein, Wasser und darin wurzelnden Bäumen, als Figur dessen, was für unsere Begriffe leblos ist, als blosse blanke
Substanz, der es an allem Humanen gebricht, wiewohl wir uns doch nach unserem Tod zurück in dieses Steinerne und Erdige verwandeln, bedeutet diese

Muse mir viel. Sie bringt all dies nur für uns Menschen Abwesende in eine Gestalt und stellt uns das für uns Jenseitige in all seiner naturhaften Präsenz vor Augen. Es ist dies eine atheistische Religion, die mir gefällt, solange sie sich eindenkt in Stein, Holz und Wasser, das Ich an die Erde rückbindet, ohne sich irgendwelchen Illusionen hinzugeben, und jegliche Transzendenz sich auf die greifbare, endliche Natur richtet: einen Zwischenraum eröffnend.

VOM FORTGEHEN UND ZURÜCKKOMMEN

INVENTUR DES SOMMERS I

an einem breiten strom in turkmenistan einmal
der aus seinem eden in die wüste aber nicht mehr zu einer mündung kam
hinter häuserwänden aus abbröckelndem lehm
das letzte schilf der böschung zerkaut von einem kamel
hätte ich nicht mehr gewusst wohin noch deuten für zuhause -
in welcher richtung des himmels es lag · ob nicht in meinem rücken schon
    daheim jetzt in den ersten tagen des märz
die sonne ausgehöhlt wie ein glaukom doch ihr licht bereits morgenschön
stehe ich wieder da wo sich im leeren uhrgehäuse
der zeit die zeiger auf alles stellen lassen und halte vom fluss unten im tal
einen kieselstein in der hand · der glasige glanz des quarz
an der hose poliert · das heisst es also: frei zu sein
im angesicht des lebens · sich offen vor dem erst am ende vorbestimmten
zu sehen - auch den bis dahin ausgestellten wechseln gegenüber
sich mit den stunden zu drehen in ungebügelten hemden
die bestandsaufnahme des alten verbrennen zugunsten des neuen:
denn der jeweilige besitzstand erweist sich immer erst als sommer

egg 12.3.22

und da war plötzlich in dieser bolivianischen minenstadt, in der die kumpel in kleinen mit stahltüren verschlossenen betonwürfeln hausten, in einer staubigen auslage dieses an die wand gepinnte hochzeitskleid, das der sehnsucht eine durch nichts auszubeutende gestalt verlieh.

TRAUREDE

der alte boden unter neuen schuhen verschwunden
wirst du dich aus der luft greifen
mit einem mal · unumwunden
eine zeitlang wirst du noch an den dingen streifen
doch vor lauter glück fühlt sich hernach alles anders an
der himmel breit · eine einzige stoffbahn
faltenlos und aus vogelseide
     dein hochzeitskleid das schneide
dir daraus zurecht · zeige- und mittelfinger als schere
für diese wunderbare drehung in der leere
rüschen und rauschen · dazwischen gesplissener saum
     schönheit zeigt sich in unterschiedlichen posen
sie ist deine selbst wenn du sie nicht siehst
sie stellt dich in den raum
mit diesen deinen dunklen augen · unverdrossen
solange du weiterhin dem unerwarteten entgegen ziehst

oruro 19.11.17

platons sokrates erklärt, dass zwischen zwei formen des begehrens zu unterscheiden sei: ›himeros‹ als verlangen, das sich auf anwesendes richtet, und
›pothos‹ als jenes nach dem abwesenden – die leidenschaft für etwas, das gerade anderswo ist oder ganz fehlt. vorstellen lässt sich dieses abwesende als
geisterhaftes ›phasma‹, ablesen an den von ihm hinterlassenen spuren und darstellen in form von ›kolossoi‹, unter denen man ursprünglich puppen verstand,
wachs- oder tonfigürchen als lebensähnliche nachbildungen einer person.

HELENA

so geh doch und zettel einen krieg an · und da - nimm
alles unheil zur mitgift
            also schritt sie leichten sinns
über die schwelle um ebenso unbekümmert die fähre
zu besteigen: roll on roll off paris · möwengekreisch
darüber kreisend und ihr beider haus davon verhöhnt
die stille drinnen ein einziger vorwurf · auf dem bett
noch die konturen ihrer körper als falten im leintuch
die kissen zerdrückt · ihre fusssohlen in einer nassen
zur tür führenden spur · reglos hockt er da und starrt
hält ein paar fäden in der hand ohne im webmuster
schon mehr zu erkennen als agonien eines verlustes
ein verlangen das jetzt rein wird - indem nicht mehr
begehrt werden kann was da ist weil es anderswo ist
abwesend · so an sie zu denken in der ferne im meer
während ihr schatten über das haus gebietet ist bitter
und wird nacktem hass weichen · wie der ausdruck
ihres gesichtes auf den fotos an der wand der leere
die augen wachs geworden

cork 5.8.20   ·

der französische code civil unterscheidet noch zwischen ›abwesenden‹ im gewöhnlichen wortsinn, über deren aufenthaltsort anders als über deren existenz noch zweifel herrscht, und ›verschwundenen‹ – disparus –, die bereits als verstorben gelten. absenz allein vermag, egal wie lange sie währt, keine gewissheit des todes zu verleihen.

PROMETHEUS IM KAUKASUS

am fuss die gesprengte talstation und ein rostiger pylon
der blick zurückgeworfen von der schneelinie
auf ein zerstückeltes kabel · brocken beton
überwuchert von dem mannshohen gras
der gipfel unerreicht: hammerkopf
der die gleissende luft festklopft
    zur ummantelung des bergs auf einer orthodoxen ikone
    blattsilber oxydiert · licht ein einziger grünton
    lasiert darunter das dorf die militärstrasse
    die knechte den hühnern nachstarrend
    die in den schlaglöchern scharren
    ein fernwärmerohr als versalie

er war bis zum pass gestiegen
wo die plattform vor dem abgrund
nun das mosaik seiner geschichte zeigt:
ein roter oktober · blumensträusse des sieges
der himmel voll kosmonauten die gestirnte zukunft
kinder schallenden mundes während gott dazu schweigt
    von seiner statue aber geblieben
    sind ein leerer sockel und die tafel:
    wollen wir uns eine neue welt erbauen
    müssen wir alles niederreissen - begreift ihr?
    und vermögt ihr nicht über die berge zu schauen
    weil euch der kazbek im weg steht - dann schleift ihn!

stattdessen ist seine silhouette am massiv zu erkennen
ein riese im fels: der an den zehen offene stiefel
der buckel verkrümmt und die schwielen
der schützend vorgehaltenen hände
die menschen aus lehm erschaffen
das feuer entfacht · alte fesseln
 zersprengt hat er am ende selbst gott herausgefordert
 der stiess einen stock in ein feld von brennnesseln
 fragte ob er auch dafür manns genug wäre
 und riss an ihm bis seine kraft erschlaffte
 denn der pfahl trieb tiefe wurzeln aus
 die erde hing daran erdenschwer

so kauerte er sich um den schaft
roch den taufeuchten humus und sah
den würmern zu · der grauen wühlmaus
unter den blauen disteln · dem borkenkäfer
und wie die welt um ihn herum einfach geschah
die zeit häufte auf ihm die abschläge des himmels an
 der allmählich zu splittern begann
 die schulter noch dagegen gestemmt
 bis auch sie unter dem schutt vermoderte
 und es das blut dieses versteinerten schläfers
 als hämatit aus den adern der flanke schwemmte
 wundmale auf dem heiligenbild der bauern und schäfer

kasbegi 6.8.08

und dann passieren die gedichte einfach, ungeachtet aller abstraktionen, greift das abwesende raum, über alle grenzen hinweg; es ist nur aus dem blick geraten, jenseits des horizonts jedoch umso wirklicher: wo es zum schrecken wird.

LOKALE WIRKUNGEN

den blick auf berge da im gleissenden firn · das eis schleckende kind
die ausflügler im café - und das bild von gedunsenen leichen im schlamm
einem mädchen dem man ins gesicht schoss · trümmerhaufen
unter denen aberhunderte lebendigen leibs begraben sind:
sie verbindet kein gleichnis über die löwen und das lamm
auch nicht dass wir offenbar gutem wie bösem stets nur unterlaufen
nichts am krieg ist neu · er beweist bloss jedesmal was im menschen steckt
seit es ihn gibt - die hände helfend ausgestreckt oder blutbefleckt
das erschreckende hier ist wie schnell er sich von den rändern hereinfrisst
in pixeln · nachrichten aus der zuvor belanglosen ferne
die derart realer werden als das eigene leben · ein datum oder jesus christ
dass die sonntage aufflammen wie die zelluloidstreifen
eines heimatfilms und gewohntes sich verkehrt ins völlig externe
das man plötzlich meint festhalten zu müssen · ohne recht zu begreifen
wie es erneut entglitt in die gewalt und ihre alten warteschleifen

egg 27.3.22

›anwesenheit‹ bezeichnet etwas sichtbar gegebenes, dessen beobachter wir sind: eine wahrgenommene gegenwart. an der wurzel des wortes ›futurum‹ wiederum steht die vorstellung, dass ›etwas aus sich heraus entsteht‹ (*bhu-), während ›zukunft‹ ausdrückt, was unvorhersehbar auf einen zukommt. welches sein, welche gegenwart weist jedoch etwas auf, das für ihr gegenteil entstand – auslöschung –, welche nun darauf heranrückt?

ein zug flacher und niederer lastfahrzeuge - massive mechanische objekte
alle markierungen entfernt - demnach bestimmt für die ukrainische front
keine uniform in den lenkerkabinen - freiwillige also in armeetransportern
auf dem weg in den krieg · das zu denken - fast schon zu wissen dass sie
beschossen · bombardiert · von minen gesprengt · ihre fahrer verstümmelt
verbrannt oder zerrissen werden brachte sie jetzt auf der autobahn jedoch
nicht einmal zum flickern · vom nichts als dem hinterm horizont lauernden
zukünftigen überblendet liess es sie vielmehr so überaus wirklich scheinen
dass sie mit ihrer schwerkraft rings um sich allen raum metallisch anzogen
und ich mich beim überholen unwillkürlich dichter an die leitplanken hielt

richtung dresden 29.4.22

abwesend zu sein bedeutet umgangssprachlich, auf irgendeine weise nicht da zu sein; juristisch hingegen versteht man darunter verschollenheit, d. h. den umstand, dass sich über leben oder tod einer person keine gewissheit erlangen lässt: jemand gilt dann als lebendig bezüglich seiner eigenen rechte, als tot hingegen bezüglich der rechte anderer.

SULEIKA SPRICHT

woher ich komme? ist wieder und wieder die frage
mir ist der weg kaum mehr recht bewusst
sie trifft auch meinen vater mit derselben anklage
deretwegen er gehen musste um den verlust
von familie und land hier gutzumachen als taxifahrer
und mit zwei gläsern billigen weins sobald die schicht endet
er sieht sich nunmehr als bewahrer
unseres glaubens und hebt shiraz in den himmel als wäre es das paradies
vergessen die missgunst von seines gottes stellvertretern samt ihrer alibis
erst mit 15 habe ich meine augen vor ihm nicht mehr zu boden gewendet
und bin doch seitdem in geiselhaft
der dünkleren haut der schwarzen haare und der nase wegen
die kein hidjab aus der welt schafft
das tuch trotzdem nicht abzulegen
heisst frau zu werden bar aller abschätzigen blicke von aussen
um darunter das zu sein was man ist
ein leben ist erst zu führen solange man sich nicht selbst vermisst
aber das ist leicht gesagt in diesem frankenhausen
und schwer getan · ich durfte dolmetsch studieren
und stosse dabei ständig auf worte die eine kehrseite besitzen
über die sie am ende ihre bedeutung verlieren:
weg und weg · pass und pass · schloss und schloss · bank und bank
welche seite vereinahmt mich? diese seite?
beiden gemein ist das unbefreite
arm und der arm mit den ungeübten notizen
in einer sprache die mir nicht mehr fremd ist und dennoch so blank
dass mit ihr alles von neuem beginnen könnte

so man mir den raum dafür gönnte
mit der deutschen freundschaft hat es keine not -
der ärgerlichsten feindschaft steht höflichkeit zu gebot
keiner beschwere sich über das niederträchtige
was immer man dir auch sagt: es bleibt das mächtige
wie euer goethe meint · wie also weitermachen - auf sich gestellt
gleich einer bettlerin die sich im niemandsland aufhält?
sie und sie · star und star · kiefer und kiefer
feiner regen auf dem entblössten unterarm
die dämmerung gelb · das licht bald tiefer
weshalb vermag zeit soviel hoffnungen zu verheissen wie harm?

köln 26.6.17

fällt ein mann in ein gewässer mit überall sichtbaren ufern und sieht man ihn nirgends wieder herauskommen, gilt er jüdischem recht gemäss als ertrunken und seine frau als witwe; fällt er hingegen in ein gewässer, das wie das meer kein sichtbares ende aufweist, lässt sich die möglichkeit nicht ausschliessen, dass er ein rettendes ufer erreichen konnte, weshalb seine frau bei ihm ›verankert‹ – agunah – bleibt. der nahe osten war immer auch einer der reisenden, die manchmal nicht zurückkamen.

DER RÜCKKEHRER

es fühlt sich an als hätte ich in den letzten jahren
kopfstein um kopfstein in pflasterstrassen geschlagen
die irgendeiner grenze entlang liefen
an der die tage und nächte blieben was sie waren:
ein fauchen der sonne · und die kreiszeichen unter dem grossen wagen
die in fremden zungen alarm riefen
heimkehrer nun · so alt geworden wie zuvor jung
habseliges soviel wie in den pappkoffer passt
stehe ich in einem hotelzimmer vor den aufführungen der dämmerung
das laken aus alter gewohnheit glatt gestreift
ohne sagen zu können bin ich bettgänger · bin ich gast
schaue aus dem hohen fenster auf die oder · ihre wirbel sich drehend
gegen den strom · und glaube nur noch an das und: wie es ausschweift
über jedes entweder · von den sternen
ab und zu hörbar ein zischeln · das licht der laternen
in der schwärze des wassers aufgehend
ist es dein bild das sich darüber hinwegdehnt
die aufnahme im dunkeln als endlich umrissene abwesenheit
nackt ohne entblösst zu sein · knöchel hell · der blaue saum am kleid
ein lächeln das sich unschuldig wähnt
und aus den augen dieser blick - nicht auf mich
sondern auf den der ich sein hätte können wenn
ein versprechen · so offenkundig wie unverbesserlich
nach dem ich mich gerichtet habe - selbst noch jenseits der äquinoktien
weil es mich hielt · und jetzt da du aus dem fluss trittst
bar eines vorwands und immer unverstellteren schritts

weiss ich sind wir es die wechselweise sich erfüllung schenken werden
wie der täufer es voraussah: eine auferstehung des fleisches · auf erden

breslau 9.8.17

ÜBER DAS ABWESENDE

alles, was man tut, alles körperliche steht präsentem gegenüber, alles gedank-
liche hingegen liegt in absentem: sie durchdringen sich, indem abwesendes
gleichsam im ausatmen des anwesenden sichtbar wird.

ÜBER DAS ABWESENDE I

januar kriecht aus der gefrorenen erde
häutet sich und legt sich über die bäume und weiden
frisch zerfallen als schnee · ohne in der luft zu bleiben
mittag eine spiegelscherbe
                    eine handspanne
darunter die schatten erst blau dann schwarz: von nord
nach süd lässt das spärliche der sonne
das hinter sich wofür sie zurückgesehnt wird
            verrät fehlendes
seine eigenart · als bliebe von der gegenwart
            nur lautmalendes

ob das dunkel vor dem licht begann
ist nicht zu sagen - nur dass eins aufs andere verweist
und sie verbindet in dem paradoxon
dass vermisstes bestand hat: man beständiges vermisst

egg 17.1.21

die ursprüngliche bezeichnung für einen leichnam, ›soma‹, stand bei den griechen bald für den lebendigen menschen, ein individuum, seine persönlich-
keit; sein grab wurde dagegen ›sema‹ genannt, als das ›zeichen‹ seiner.

ÜBER DAS ABWESENDE II

vor jeder reise bleibt der blick
noch an den fotos hängen um dann im bad
einzelnes zu verräumen · bett glattgestreift kanten gerad
ist es eher reflex denn ein tick
als würde der nächste der das haus betritt ein makler sein
der nur noch unpersönliches vorfinden soll
      einmal aus der tür büsst das ich den halt ein
als fordere jeder übertritt zoll
für die armseligkeiten der vorstellung der eigenen person
sie verliert ihre eingesessene gestalt und bricht auf
zu brocken die man im fortlauf
anders zusammenfügt · die leerstellen darin auch das
was man im fremden sieht wie durch zersprungenes glas:
      brennende stühle vor einem rhododendron
windstösse · ein plastiksack flatternd an einem ast
der mond melonenfarben in einem hochspannungsmast
      morgens dann im lohen des lichts
flüchtige gedanken wie *ich werde sterben als wolke*
durchbrochen weiss und voller nichts

niš 17.9.21

zu allem geschriebenen und gesagten gehört auch ungedachtes, ohne dass es deshalb ursprünglicher wäre als das durchdachte; vergessenes bleibt nicht immer irgendeiner tiefe wegen verborgen, es muss weder das schwierigste noch das naheliegend einfachste sein. was solcherart abwesend bleibt, stellt bloss den zwangsläufig vom denken geworfenen schatten dar.

ÜBER DAS ABWESENDE III

von der nacht in die nacht über drei grenzen
in ein restoran unter der autobahnbrücke
mit weissbrot den teller sauber wischen · grosse schlucke
bier · vom strand her taktschleifen zum abtanzen

aufs wasser starren um nicht mit meinem schatten zu reden
oder auf die nachbartische und an der mimik erraten
an wem sich das ewig selbe wiederholt
wie glorie sich zeigen könnte · wo glück fehlt

während keinen steinwurf weiter dies schwarze meer
umso schwärzer ins finstere fliesst
gleich dem dunkel in uns in dem man nach oben schwimmt
mit letzter luft oder weil da ein fischlicht brennt

doch das bild führt in die irre: da ist kein ziel · vielmehr
stehen wir an bord von fährschiffen die sich nachts kreuzen
silhouetten in der deckbeleuchtung umfasst
vom fahrtwind die ihre hand zum gruss spreizen

kilyos 18.9.21

quellen, flüsse, schluchten und felsspalten boten einst ›göttliche erdwege in die unterwelt‹, vor denen die hethiter opferten, um götter daraus hervorzubeten: »man bricht sieben laibe, streut sie in die sieben quellen, giesst wein aus und sagt: ›hat man euch zederngötter hierhergeschickt, dann locken wir euch nun aus diesen quellen hervor. kommt herauf! und ihr, quellen, wenn ihr wasser fliessen und es den menschen für waschungen lasst, bittet bei den göttern für könig und königin um gesundheit, langes leben und nachkommen.‹«

MIT CAMERON DIAZ IN KAPPADOKIEN

wie unverschämt sie - wiegenden schrittes
das leinenkleid wallend · ihre haare ein einziges
windzerzaustes durcheinander -
durch die gassen stolziert · breit grinsend
völlig unbekümmert darüber wieviel bein · arm
und busen von ihr zu sehen ist

warum haben sie mit der schauspielerei aufgehört?
ich wollte auch spirituell leben -
verstehen sie was ich meine? ich selber sein
eigentlich aber lag es an meinem gesicht
mein hintern war zwar noch gut
doch der rest ging allmählich auseinander

aus respekt offeriere ich zuerst ihrem mann
mein tagtägliches rumi-orakel:
›also wanderten sie durch china wie vögel
die körner aufpecken und redeten kaum
des gefährlichen ernstes ihres geheimnisses wegen‹
und trage ihnen einkaufstaschen voller lokum
kardamom samt ali babas wunderlampe hinterher

bei der alten hauptstadt führe ich sie zu den felsen
von yazılıkaya und erkläre ihr die göttin des reliefs

cam stand in einem ihrer letzten filme ganz gleich da
sie hielt zwei leoparden an der leine

mit denen sie spazieren ging
es war nicht eben ihre beste rolle · die versicherung
stellte vielzuviele bedingungen -

                              - es waren geparden
sie zerrten von allen seiten an mir

einmal draussen auf dem land breite ich ein picknick aus
sie tanzt zu einem amerikanischen hit im autoradio
bis sie sich an den disteln die füsse zersticht
sich hinsetzt mit dem rücken zu einem lorbeerbaum
den kopf an die rinde presst
und uns simultan dolmetscht
was sie denn nun so alles drinnen in diesem stamm hört

ihr lachen ist eines hinter dem sich alles verbergen kann
es öffnet etwas · steckt an oder erstickt
verletzt · verwickelt oder erlöst
und verwirrt da ich nie recht weiss worüber

am ende aber hab ich mit dem trinkgeld pech
weil sie in meinem rumi den finger auf seite 136 legt:

     ›gibt es da wo du lebst denn nichts zu tun
dass du auf solch sinnlose vergnügungsreisen gehst?
hasst du deine heimatstadt? oder hat dich vielleicht
satan an der nase hierher geführt?‹

göreme 19.9.21

nach dem tod gehen seelen in einen fluss oder heiligen teich, um von dort aus den weg zur sonnengöttin der erde anzutreten. eine seele wurde als wesenhaft erachtet; sie konnte gleich wasser aus einem menschen tropfen und fliessen oder von göttern vergossen werden.

ÜBER DAS ABWESENDE IV

in den karst gesetzte satellitenstädte - fraktale
von halbleeren wohntürmen um die betonspitze eines minaretts
stahlsilos · zementfabriken · tankstellen wie markenoutlets
armeekontrollen an der zufahrt - areale
eines terraformings dem es an wasser fehlt
      dann - als hätte ich die falsche route gewählt -
ein schmales tal voller erlen und weiden
ihre zweige silbern aufgebogen · dem wind entgegen
um das in die luft zu kreiden
was bereits ihre blätter besagen: *d e s w e g e n*
      bis an einem punkt das plateau abfällt
und darunter der himmel horizont wird und sich aufhellt
licht gescheckt in dieser weite
lauernd · ein tier das einen anspringt von der seite
      und in der überraschung des glücks mit beiden händen
flach aufs lenkrad schlagend
in einem takt den mir keiner vorgibt:
      landschaft - die felsen auskragend
saumpfade überall in den wald - um sich hinzuwenden
zu etwas in das man eingehen kann ohne dass es einen widerliebt

irgendwo bei sorgun 20.10.21

in höhlen und felsspalten nistende wildbienen wurden als träger der seelen gesehen, die von ihnen auf den ›erdweg‹ gebracht wurden. ›ist die sterbliche seele auf dem berg, der ebene oder dem gepflügten feld‹, heisst es in einem hethitischen text, der so auch für die frühen griechen gilt, ›bringen bienen sie an ihren ort: darum lasst ihren schwarm drei, vier tage ziehen und mit hülle und fülle zurückkehren. ist die sterbliche seele hingegen auf dem meer, bringen sie wildenten an ihren ort; ist sie auf dem fluss, tut dies der schwan, und ist sie im himmel, dann der adler, der mit seinen krallen die hasen packt.‹

DIE ERSTE MUSE I

wasser und die toten · auch ihnen stand vor augen
dass uns der kalk überdauert · er knochen
der erde ist · aus ihm jedoch das wasser sickert tropft und fliesst
das ihn aushöhlt zerfurcht und untergräbt
    wo der fels in seinem hellen schweigen
aus der macchie emporsteht · einzelne figuren wie nachtwachen
und regen tränenschwarz ihr antlitz nässt
hat man kammern herausgeschabt
für die leichen · altarstufen und rechteckige becken
    doch was brachte man dar: wein honig oder weizenkuchen?
um die eigene teilnahme zu bezeugen -
oder sie erst dem gestein zu entlocken?
    karst schien etwas das leben gibt
vielleicht sogar vergibt · und die seele
gehörte den wildbienen die in seinen klüften nisten:
    mir bleibt sie der stein in seinem ewigen august
das sich daran messen · das schreiben dieser diurnale
oder der im spalt wurzelnde baum · feigen violett an den ästen

kastabala 25.9.21

ihrer klaren wasser wegen waren quellen manifestationen der reinheit; aber auch der ton und lehm an ihrem rand reinigte und heilte. »man verstreue etwas von den talgkuchen und der grütze, vergiesse wein und sage: ›so wie du schlamm aus der dunklen erde hervorsprudelst, so löse das böse und unreine von den gliedern dieses menschen.‹«

ÜBER DAS ABWESENDE V

der himmel vergilbt · staub in der luft - so dicht
dass man ihn morgens von der windschutzscheibe wischen muss
kalte böen nach konya die einen zum pannenstreifen abdrängen
später aus den bergen heraussen geht ein regenguss
nach dem anderen in grauen wänden nieder und nimmt jede sicht
bis sich am amanus die wolken zersprengen
wir im einen wie im anderen befangen
als ereignete das wetter uns und bedingte was wir denken
in gaziantep dann stehst du oben auf dem balkon wie alle zuvor
und meinst da sei eine schreibmaschine in deinem zimmer
um uns ins reine zu tippen · und dass das verlangen
auf leere blätter gesetzt genüge um uns in diesem abendschimmer
gestalt zu verleihen und von neuem das zu schenken
was jeder von uns irgendwann entlang seines weges verlor

anadolu evleri 22.9.21

in diesem gedicht fehlen zwei reime. ›gamander‹ für den auf kalkterrassen wachsenden lippenblütler (teucrium antitauricum), dessen name sich an die griechische bezeichnung für ›mann‹ anlehnt, wäre der eine gewesen; die pflanze würde auch von ihrer form für den gesuchten vergleich passen, wenn ›gamander‹ nicht so preziös klänge, dass einem keiner die stimmigkeit mit farbe und form eines mundes, eines kusses abnimmt.

ÜBER DAS ABWESENDE VI

morgens gehst du über den hof um dir kaffee zu holen
nackt noch unter dem kleid · suche ich nach einem vergleich
für diese nacht die barfuss und so ganz unverstohlen
im schein der strasse ums bett schlich · wortlos und schattenreich
als bücke sie sich nach einem
über die dielen gerollten kiesel wurde ich bei dem anblick
sogar rot · uns streifend erst an- dann ineinander
als gehöre der körper keinem
war er die linie die eine hand hinterlässt
wenn sie durch wasser fährt · mit dem widerstand
den es ihr entgegensetzt und sie abgleiten lässt · halt es fest
sagst du · es sind die bögen eines steins
den man flach über einen fluss wirft · der vom rand
zum anderen ufer immer kürzer springt · und schliesslich in eins

anadolu evleri 23.9.21

es gab in dieser pension nicht nur eine schreibmaschine, es lag dort auch eine anthologie von gedichten auf telugu, die ein gast zurückgelassen hatte, darin dieses gedicht shrīnāthas aus dem 15. jahrhundert darüber, weshalb man an den frauen von andhra pradesh, wenn sie sich nackt zeigen, kein schamhaar sieht.

PHILOSOPHEN

sie sind so scharfsinnig und tiefgründig in ihren disputen
diese einschüchternd klugen professoren in rajahmundry
wenn sie sich ans schlussfolgern machen

ob sich am fallbeispiel der blumen
die da oben im himmel blühen
an der quelle des lebensbaums
und seinen feucht glänzenden wurzeln zweigen und blättern
welche auf erden unten den erspriesslichen leibern der frauen entspringen

eher mittels einer kontingenten dekonstruktion eines a priori existierenden
oder einer nichtexistenz a priori und daraus resultierender aphänomenalität
ein logisches urteil darüber bilden lässt
ob es nun das schamhaar gibt oder nicht

anadolu evleri 23.9.21

TOTENREDEN I

ein leichnam ist mehr, als jemandem ähnlich: in ihm wird das abwesende präsent. er ist nicht mehr die zuvor lebendige person; unpersönlich geworden, verweist er nunmehr allein auf sich selbst. diese absolute, reine gleichheit lässt einen leichnam unfassbar, überfordernd erscheinen.

LEBEN DES DAVID ALLENO
(1881–1910)

er wollte schon immer ein zimmer ganz für sich allein
das bett nicht länger mit den brüdern teilen oder einer ehefrau
kein gassenlärm gebrüll am kasernenhof oder kinderschreien:
ein leben wie ein sonntag - engelrein und königsblau

also wurde er wärter auf dem friedhof · ein schlüssel für jede gruft
blieb es sommers über in den kammern angenehm kühl
und allerseelen erglänzte in der glorie der frühlingsluft
schon allein die blüten zusammenzukehren war ein hochgefühl

eine stadt wars in der stadt · ein viertel in dem die zeit still stand
und er mit den stützen der gesellschaft auf du und du
ob geistesgrössen oder generäle - er hatte sie alle in der hand
und wachte über die würde ihrer ewigen ruh

mittels der inschriften an den mausoleen lernte er lesen
und die nachrufe und lobessprüche die man da erdichtet
lehrten ihn dass es bloss die körper sind die verwesen
das eigentliche jedoch bleibt - und wird als denkmal errichtet

als schliesslich eines davon verwaiste (grabstätten verlottern
so die familien dazu aussterben) erwarb er grund und bodenplatte:
er legte all seine ersparnisse dafür hin um den rest abzustottern
glücklich dass seine seele nun eine wohnstatt gefunden hatte

an freien tagen und wochenenden baute er sie aus
eine grosse pforte aus glas · vier säulen und eine bronzeschwelle
für ein auf zwei mal zwei metern errichtetes herrenhaus
alles neu bis auf den gebrauchten marmorsarg und die kapitelle

fehlte nur noch eine skulptur als erinnerung seiner selbst
also sass er dafür in hut und anzug einem bildhauer modell
denn was du mit einem solchen sonntagsstaat erhältst
ist wirklichkeit als rechter mensch - milde lächelnd und formell

die lebensgrosse statue einmal vollendet und aufgestellt
die liegegebühren im voraus bezahlt mit dem letzten entgelt
rasierte er sich kämmte pomade ins haar schloss den obersten knopf
und schoss sich mit seinem armeerevolver in den kopf

nach all den jahren war er so endlich bei sich zuhaus
sein schicksal erfüllt mit diesem schrein
davor liegt jetzt meist irgendein frischer blumenstrauss
denn seinen besuchern geht das ins herz · und durch mark und bein

buenos aires, la recoleta 11.11.17

›gleich‹ und ›leiche‹ gehen auf dieselbe gotische bezeichnung für ›körper‹ zurück: leik. was denselben körper besitzt, weist dieselbe erscheinung und form auf: eine leiche ähnelt dem zuvor lebendigen körper auf dieselbe weise, wie ›gleich‹ die ähnlichkeiten von rein äusserlichem aufzeigt.

LEBEN DER LEONORA CARRINGTON
(1917–2011)

alles über sieben und unter siebzig ist unzuverlässig
aber man sollte besser keinem trauen
ich z. b. war schon mit drei aufsässig
und zählte spätestens mitte zwanzig zu den meerjungfrauen

als haustier hielt ich mir eine hyäne
trug manchmal eine maske in form eines gesichts
kletterte nächtens gern auf baukräne
und erwartete da das unglaubliche spektakel des morgenlichts

mein nachbar nun hat fliegen im kopf
sie summen um seine zunge sobald er spricht
ziehe ich ihn dann hart am schopf
kann jeder sehen wie ein lachen aus seinem mund hervorbricht

in max & peggys zirkus wo die feuerräder blinkten
gab es artisten und lebendige puppen
doch kaum dass sie einem zuwinkten
fielen ihnen die finger ab und verglühten wie sternschnuppen

eine zeitlang trieb ein hypnotiseur namens van ghent
völlig unerkannt europa in den ruin
ich erwachte darauf als sein patient
mit lederriemen an das bett gefesselt und im eigenen urin

›schönheit wird konvulsiv sein oder sie ist keine‹ sagte andré
das cardiazol das man mir injizierte
krampfte mich schmal: es tat so weh
überall splitter · zerstückeltes das sich dann glasierte

›freund‹ - das war mir mein remedio
bei ihm war mehr los als im radio
er wollte nicht nur zwischen meine beine - wir sahen aug in aug
mit seinen buschigen brauen war er mein mollymauk

wir färbten tapioka schwarz zu kaviar
verschickten einladungen an leute aus dem telefonbuch
kappten ihnen im schlaf dann das haar
und setzten es ihnen zum frühstück vor: jedes fest ein putschversuch

denn sollte das leben nicht ein ball sein
so rund wie rauschend? gib ihm einen tritt
oder wirble es im kreis herum: du hast ein stand- und ein spielbein
darum hol mit aller kraft schwung für einen siebenmeilenschritt

la paz 17.11.17

›person‹ leitet sich von phersu ab, einem auch dem namen nach ›maskierten‹
protagonisten etruskischer leichenspiele. als ›persona‹ wurde bei den römern
daraus der begriff für die maske der schauspieler, die durch sie hindurch umso
lauter sprechen mussten. indem die maske einzelne menschen äusserlich typi-
sierte, übertrugen sich ihre typen bald auf die rollenspiele in der gesellschaft.

LEBEN EINER LYKANTHROPIN
(*1996)

in meinem körper ist eine katze gefangen
vor mehr als vierzehn jahren -
bei der ersten blutung ist sie in mich gefahren
hat mir die lippen geschmält und drückt gegen die wangen

seither verbrennt mir die sonne die haut
wird sie scheckig · rot und braun
und im spiegel kann ich nun dabei zuschauen
wie mir haare auf der stirne wachsen und mein mund miaut

ich krümme mich oft vor schmerz im bauch
weil sie endlich heraus will
sie lässt mich jammern · jaulend schrill
und jagt mich in die nacht unter den nächstbesten strauch

ich kann mich noch nicht überall am leib lecken
wer mich mag den lass ichs tun
aber ich bin bald gegen menschen immun
obwohl ich weiter versteh busen und becken vorzustrecken

ich warte auf die grossartige gleichgültigkeit
die selbstverliebtheit der katze
die mit einem einzigen schlag ihrer tatze
sich holt was sie braucht · niemals zögert · und sich befreit

ich höre aus ihrem schnurren fast sprache
laute die nur sich selber bedeuten
während ich bisher stets murmelte vor den leuten
und die worte im hals zerrannen zu einer milchigen lache

kämme ich mir das fell zwischen den beinen
ist mir aber als sei ich am auferstehen
bis dahin lackiere ich mir fingernägel und zehen
um euch allen bereits als wildes raubtier zu erscheinen

es gibt hier im zoo einen tiger den ich liebe
unerwidert · doch ganz unverhohlen
ich werde ihn sehr bald aus seinem käfig holen
ohne zu erwarten dass er deswegen auch bei mir bliebe

colonia del sacramento 13.11.17

mit ›soma‹ bezeichnete homer einen leichnam, während er den lebendigen körper durch ausdrücke wie ›glieder‹ oder ›muskeln‹ benannte. von ihnen löste sich beim letzten atemzug die ›psyche‹, rauch gleich oder einem schatten, rein, indem sie nichts vom körper mit sich zog – weshalb sie nach dem tod als substanzloses wesen umherirrte, als bleicher leichengeist.

PARIS 25.11.2017

eine strassenkreuzung · ampeln im novemberregen
die streifen des übergangs zwischen den passanten
orange und weiss am leuchten · ein tiefes keuchen

die concierge auf dem trottoir hörte beim blätterfegen
etwas hinter sich - wie von etwas hochangespanntem
und fulminantem - konnte es aber noch verscheuchen

eine junge mutter da drüben im park von montsouris
beugte sich gerade eben über das kind in ihrem wagen
als sie augen im laub erblickten · eine gebleckte fratze

im café stritten sich zwei über die genauere taxonomie
(die meisten kennt man - kennen ihn - vom hörensagen)
bis ihre tassen vom tisch gefegt wurden von einer pratze

in der geschichtsstunde starrte ein bub aus dem fenster
wo sich ein flirren im hof sonnengleich durch schatten
und regen schob · nasse erde zerdrückt von einer tatze

vom baugerüst oben wirkten auch leute wie gespenster
zu herbst geworden zum himmel in den rauchglasplatten
sodass es man es kaum grösser glaubte als eine hauskatze

hingegen berichteten jene die in der métro anvers standen
sie hätten etwas in vollem lauf und sprungbereit gewahrt
ein muskelspiel unter einem fell · einen steifen schwanz

alle waren entsetzt dass sie sich etwas gegenüberfanden
das ihnen eine bislang halb verborgene macht offenbarte
in ihrer angeborenen dominanz und unheimlichen eleganz

einer jedoch weinte dass man das tier erschiessen musste
weil es entlaufen war - es hatte ihm aus der hand gefressen
und er ihm den nacken gekrault · es gebürstet · gestriegelt

und ihm den kopf tief in seinen rachen gesteckt · er wusste:
einzig diese gewalt kann sich noch mit der unseren messen
darum hilft es nicht wenn man sie in einem käfig verriegelt

lima 27.11.17

dieses lied beruht auf einer dokumentation der bbc über den genozid an den rohingya in myanmar, die ich in einem hotelzimmer auf der osterinsel sah; ich schrieb mit, was eine frau stockend von dem massaker erzählte, dessen opfer sie geworden war.

TULA TOLI 30.8.2017

man hiess sie am ufer niederknien
wer da noch nicht tot war den begann man zu blenden
einige versuchten noch über den fluss zu fliehen
bananenstauden oder leere kanister in händen
um nicht zu versinken
ich sah sie in einem hagel von blei ertrinken

ich kenne ihre namen nicht - aber ich kenne ihr gesicht
ich kenne ihre namen nicht - aber ich sah ihre augen

am nacken und der kehle
machte einer sich daran ihr den kopf abzuschneiden
die machete schon so stumpf wie meine seele
er riss sie ihr aus den eingeweiden
weiss und triefend vor blut · inmitten von kot
mein baby - sie traten es mit ihren stiefeln tot

ich kenne seinen namen nicht - aber ich kenne sein gesicht
ich kenne seinen namen nicht - aber ich sah seine augen

dann bohrten sie ihr eine bambusstange in den leib
zerhieben ihr die brüste und liessen sie liegen
ich war arbeit für sie · und zeitvertreib

als sie zu sich kam sassen auf ihr schon die fliegen
brannten die hütten und mit benzin übergossene leichen
um buddhas banner der erleuchtung weiterzureichen

rapa nui 24.12.17

INVENTUR DES SOMMERS I

als heilige orte, ›wo nichts angepflanzt wird und der pflug nicht hinkommt‹, galten den hethitern baumhaine um ›augen‹ genannte quellen an einem felsen. dort konnte man mit den ahnen kommunizieren und die sonnengöttin der erde oder die mit ihr verbundenen gottheiten hervorrufen, um etwas über die vergangenheit zu erfahren, die jedwede zukunft bestimmte.

ÜBER DAS ABWESENDE VII

die meeresströmungen in scherben zerbrochen
    durchsichtig diesseits · jenseits beinahe golden

die erde rostrot · weizenhäcksel unter den rechen
    und pistaziensträucher staubig in ihren mulden

vogelfedern braun gesprenkelt · gelber thymian
    in einem schwarz herabgebrannten kiefernwald

    wenden wir uns dem wind zu · und sind legion
ohne zu wissen wes zeichen machen · stehen wir im feld

    am strand ein hin und her galoppierendes pferd
und sind was verstreut ist und nie mehr versammelt wird

datca 1.10.21

zur inspiration und weissagung wie zur seelischen reinigung und körperlichen heilung trank man vom wasser einer heiligen quelle, stieg mit den füssen in sie, benetzte den saum seines gewandes darin, liess sie sein gesicht spiegeln, deutete das versinken von gegenständen, das futterschnappen von fischen, das schaukeln von haselnüssen und das schillern von öl in einer schale wasser oder schlief auf strohlagern neben wasser, um die träume auf ähnliche weise zu deuten wie das rauschen einer eiche oder das gurren der tauben in ihren zweigen. die folgenden zeilen suchen der liste von sich auf ›wasser‹ reimenden worten sinn abzugewinnen.

ARS POETICA I

am wasser schlafen · am schnee · an moor- see- und brunnenwasser
als erblasser des toten · wie es prasst dieses dahinfliessende wasser
mit dem was es weiss · am feldrand unter einem baum liegen: wind
der bienenfasser · gelb und murmelnd · tau lispelnd am mundwinkel
des morgens · regen und wie er als rede auf die eichenblätter prasselt
das laub laut seiner zunge · schwirrender und nasser · am ufer stehen
meer der erdumfasser: sein menschenhass im überbranden der wogen
der selbsthass im gewisper der wellen · da sind blut- und bitterwasser
blau- weiss- und schwarzwasser · ist das quell- und schwalbenwasser
sind sie wieder und wieder mit der hohlen hand zu fassen um wasser
in sätze zu schreiben die von sich selber sprechen · sonder verfasser

datca 2.10.21

in yalburt yaylası war ein heiliger teich am fuss der felswand angelegt, opferte man nach einer prozession vor dem abgrund einer eingestürzten karstdecke als dem eingang zur unterwelt. in eflatun pınarı hinwieder war eine sprudelnde, den see von beyşehir speisende quelle unter den gesichtlosen statuen der sonnengöttin, ihrer tochter mezulla und ihrer enkelin zintuhi in eine fassung gebracht worden. in späterer zeit wurde diese muttersonne ›hepat – die richterin‹ genannt, ›hepat-musuni‹: auf sie geht die bezeichnung ›muse‹ zurück.

MIT KIM BASINGER IN ANATOLIEN

ob sie wohl jemals die sonnenbrille abnimmt?
  sie verzieht keine miene · auch nicht
als ich ihr beim eingang zur unterwelt krokusse pflücke
und mit meinem schnürsenkel zum strauss binde

schauen sie sich manchmal ihre alten filme an? *es läuft*
  zuviel im fernsehen

ich gebe ihr meinen rumi damit sie ihn blind aufschlägt
und übersetze die stelle auf die sie den finger legt:
  ›rührt die trommel und lasst die dichter sprechen
dies ist ein tag der reinigung für all jene
  die bereits eingeweiht sind in das wesen der liebe‹

was denken sie? *ich denke dinge*
  die ich nie aussprechen kann · die mich nur streifen
oder die ich nicht sagen will · nicht einmal
mir selbst · weil sie so brutal sind

als sie um die violette quelle von eflatun pınar spaziert
ist die sonne bereits zu tief der himmel zu diesig
um das relief der gottheiten
an der stirn des heiligen teichs hervorzuheben
  ›schlechtes licht‹ *meinte john schlesinger einmal*
zu mir ›gibt es nicht - nur schlechte regisseure‹

wie war ihre ehe mit baldwin? *ach alec*
　　　wen mochten sie in hollywood? *mickey*
war ein schöner mann bis er unters messer kam
　　　ich möchte nicht mehr auf diese weise alt werden
die haare gefärbt oder so kurz wie bei meiner mutter damals

die sonne am sinken in wolken von schnaken
waten wir am see dann für ein selfie
rückwärts ins flache wasser bis es uns zu den schenkeln reicht

den spiegel für das licht im hintergrund
sandalen baumelnd in der hand steigt sie darauf aus den wellen
schlick zwischen den zehen · schaumgeboren wieder
und mit dem gang einer zwanzigjährigen

beyşehir 21.9.21

aus zerschlagenem, dunklem erstell mich, in einer anders erstrahlenden gestalt
als verwirklichte ordnung, singendes denken wieder. *a. r. ammons, muse*

ÜBER DAS ABWESENDE VIII

zeitlang · wellen herauflappend am strand
gischtblasen an ihrer linie gesichtern gleich am rand
unseres lebens · bin ich mir nicht sicher ob ich noch den jungen
am nebentisch in dem weissen hemd beneiden soll · sein hungern
nach dem blauäugigen mädchen vor ihm · um einer frau
mann zu werden muss man ihr wasser sein · salz
und brot · auf dass sie einen wirklich anschaut
iris gesprenkelt von kobalt
ich sass schon vor zuvielen leeren tellern
als dass ein misslingen noch bitter wäre oder beschämend
alles in frage stellend · für jeden kuss gab es soviele maulschellen
für jeden absturz ein langes anlaufnehmen
aber natürlich beneide ich ihn · und nicht aus nostalgie · die welle
jedesmal zurückgesogen über die immergleiche schwelle
hinaus in die weite · jedoch nicht ins leere

alanya 31.10.21

lass mich die regel verlieren nah der nahtstelle des musters; doch reisst unord-
nung ein und zertrennt die möglichkeit einer wiederkehr, dann erscheine,
schimmernd im rückruf: sing mich wieder. *a. r. ammons, muse*

ÜBER DAS ANWESENDE II

um mitten auf einer stiege einzusehen dass die welt sich bloss in der liebe
zu einer frau erschreiben lässt · sie ein feld schafft in dem sie alles anzieht
und nach ihren linien ausrichtet · indem sie es zusammenhängt zu skizzen
karten · einer aussicht · daher die romanzen alter dichter die ansonst auch
am papier zeugungsunfähig blieben · *die augenwinkel auf dem foto als du
dich überrascht umgedreht hast / die feine sägung der blaugrauen nadeln
der kiefernspitzen unter dem balkon* · vermag man so eins aus dem anderen
zu denken · *die nächte in denen wir in wechselnden zimmern unsere leben
füreinander in klammern setzten / die tabula rasa des firmaments punktiert
von sternen* · um in solchen figuren alles nebeneinander bestehen zu lassen
ohne kopula oder ich - doch hervorgehoben: *die flaschengrün geriffelte see
das salzverkrustete fenster auf die dardanellen an welchem der wind rüttelt*

gelibolu 4.10.21

das nichts gibt es nicht: nur das, was ist, meinte parmenides, und nichts dazwischen – keine grade des seins, obwohl manchmal etwas aus dem nichts kommt und man das, was nicht ist, kennen kann. woran er dabei nicht gedacht hat, ist poesie und kunst, die etwas bezeichnen können, ohne dass es existieren muss.

ÜBER DAS ABWESENDE IX

das unüberblickbare des lebens in jedem moment
in dem es sich vollzieht vervielfacht den sinn
den man ihm geben kann

>   *wellen überweht von wind*
kurzatmig und lästig · von ihm in den herbst gespült

>   selbst ein beistrich bleibt da noch ein ›und‹
in einem satz der mit wahrheiten spielt

>   ein splint
in dem rahmen mit dem man bedeutungen aufspannt

es ist dienstag nachmittag · der mond
eine klinge auf seinem blatt · ein schnitt im coelinblau
die schatten unter den pinien voll nadelstreu

>   man schreibt über das was man sieht
doch worüber sobald es dunkel wird? und wie über zeit?
das vergangene ist erinnerung und jede zukunft erhofft

>   wirklich ist nur die gegenwart
obgleich sie kaum fassbar wird · zweifelhaft
allenfalls minutenlang an einem ort

>   *nun*
da die leute auf dem strand stehenbleiben und schauen
dem letzten licht über dem meer zugeneigt · versonnen
und plötzlich bessere menschen scheinen

iskenderun 28.9.21

bei den hethitern bildete eine mütterliche gottheit, die als sonnengöttin nachts bei ihrem gang durch die erde den toten zu gericht sass, zusammen mit dem wettergott das höchste paar. sie manifestierte sich in felsen und bäumen, weil diese in der unterwelt wurzeln: ›auf einer quelle steht ein apfelbaum, über und über von blutroter farbe; die sonnengöttin hat ihn erblickt und mit ihrem glänzenden kleid bedeckt.‹

DIE ERSTE MUSE II

der mund einmal ausgewaschen
waren da stimmen um stamm und stein · sätze von ästen
das ausrichten der felsen laut geworden im wind · in der unterwelt
wurzelnd und von sich gegeben
im murmeln das um sie aufquellt
sich reimend im weissagen von gunst und ungunst · in festen
für die jahreszeit und gesetzen für das leben
      als von bäumen karst und wasser geäusserte gottheit
umschrieb man sie mit ›sonne der erde‹ die in der kaverne der nacht
den toten eine fackel entfacht
und hieb ihr grob umrisse heraus in entsprechung dieser schroffheit
      ich entdeckte ihre vollständige gestalt
erst in einem museum von antakya als statue namenlos
und unbeachtet in einer ecke - unvergleichlich
berückend · rauher schwarzer basalt
für das dünne fusslange kleid einer frau · die rechte hand
unter ihrem busen · der kopf gesichtslos
ohne lippen · flache kerben für die augen und anstelle der ohren
fingertiefe kuhlen - wie sie dastand
als mantel der erde · aus ihrem innersten dunkel geboren
beredsam ohne zu sehen oder zu hören
      in diesem sehnigen hervorwachsen aus gestein
war sie alles was ich je schreiben könnte um uns zu beschwören
die wir selbst zusammen vereinzelt sind · im licht allein
und aus nichts anderem bestehen als sonnen und ihren aschen

antakya 29.9.21

am fuss einer felsflanke oberhalb des kopaïssees liegt das ursprünglich einer göttin geweihte orakelheiligtum des apollon ptoios. mit heiligen lorbeerbäumen bestanden, erstreckte es sich über drei terrassen, umflossen von einem wasserlauf, der in einer aus dem berg getriebenen höhle entsprang. der darin kauernde priester ›weissagte durch den mund in einer barbarischen zunge‹.

›ich‹ ist eine seite auch: wieder und wieder zusammengefaltet
in einzelne fetzen zerrissen und in den wind gestreut
stücke eines selbst · gedichte der luft
     sie abzurufen hätte ich einst vor einer felskluft
mein los mit nummerierten tierknöchelchen verwaltet
und die erwürfelte summe mir einen deut
auf die zukunft gegeben
oder aber priester hätten in einer quellgrotte
mit fremder zunge das polyglotte
des wassers nachgesprochen · es skandiert auf mein leben
     stattdessen stehe ich an diesen orten
und erfrage einen solchen sinn aus dem stummen
nicht von musen - ihrer aus einem abgrund wesenden rede
ihrem malerischen summen
und den ans singen und tanzen gebundenen worten
     so sprechen wasser und stein nun für sich - als erde
und mit derselben gültigkeit:
teilnahmslos zwar doch bar der grausamkeit der menschen
auf die sich ohnehin nichts reimt
ihr artikulieren von linsenwolken gerahmt
die baumwipfel hin und her geschüttelt von einer hochzeit
des lichts die auch das finstere vereinnahmt

ptoos 5.10.21

dem einfluss kallimachos' ist es zu verdanken, dass eine weihe im musental die berufung zum dichter krönte; demnach hatten liebesdichter von der aganippe im tal zu trinken, epiker von der hippokrene am gipfel. bei seinem besuch hing kallimachos allerdings noch einer anderen inspirationstechnik an: dem schlaf neben einer quellfassung – in seinem fall bei jener im tal. dort, wo heute die kapelle des hl. nikolaos steht, erschienen ihm die musen im traum.

DIE ERFINDUNG DES IDYLLS

die alten wege und werke hab ich wiedergefunden
am gipfel geschlafen und im tal · und war hier im schnee
wie in der sommerhitze als könnte man einem ort was? bekunden
    er hat eine lage - keine ehre · also: neugier
über den brunnen aus dem einst die dichter tranken
an dem ihnen eine figur erschien die mehr war als eine idee
und was sie einem dann auf die lippen legte wahrhaftiger als papier
oder in glatte sätze gefasste gedanken
    an diesem vergöttlichten bevormunden
ist das allermeiste zerbrochen · und aus dem abwesen
von heilem das als muse erglänzte wurden auseinandersetzungen
mit abweisendem: sehnsüchtige versuche aus dem unnahbar blanken
der felsen uns oder zumindest etwas verbindliches herauszulesen
um erfüllt zu werden · von der welt durchdrungen
    trotzdem ist diese mulde unter zwei bergflanken -
vergisst man die windränder dahinter - die landschaft geblieben
die vorbild der bukolik war · sie rundet sich
vom museion aus immer weiter in wellen hinaus
nicht einmal askras wehrturm vermag sich da hineinzuschieben
sodass der blick nirgendwo hängenbleibt: so lieblich
als wären wir wirklich zwischen steinen weiden und himmel zuhaus
    die sonne untergehend im helikon
tilgt der berg jede dämmerung bis sich die nacht
über dem theater öffnet als würde sie weiterhin die stehende ovation
eines publikums erwarten das ihr längst weder acht
noch glauben mehr schenkt · die corona borealis im zenit
eine eule · ihr schrei das kreischen eines tieres das flieht

hingerissen - auch vom wein -
habe ich da vor diesen untergehakten sternen in die hände geklatscht
und ihnen ›i did it!‹ zugerufen als würden sie sich nicht fragen
was der - auf englisch noch dazu - plötzlich quatscht
aber es fühlte sich so gut wie lächerlich an es zu laut zu sagen
und für einmal mit dem lorbeer der bäume da bekränzt zu sein

askra 6.10.21

unweit von theben, einer von einwanderern aus dem nahen osten gegründeten stadt, verehrte man in einem talschluss in einem kleinen, von quellwasser umflossenen amphitheater noch lange einen kalkfelsen, vor dem man die kabiren – ›die grossen götter‹ – aus der unterwelt anbetete. bei der rauschenden quelle von tritea formte man hiezu weiterhin nach alter hethitischer sitte ihre figuren aus ton, und auf aegina opferte man ihnen in rechteckigen becken, die ins steinerne ufer gehauen wurden, um sie zur rechtsprechung aus dem meer zu rufen.

BEI DEN GROSSEN GÖTTERN

da ist ein tisch · er steht leer an der kante des meers
blechklammern für das aufgewehte papier
eine schale roter honig · ein paar sandalen im sand

    er ist über die strasse gegangen stühle holen

in ihrer tasche steckt frisches brot
sie ist den nadelzweigen der pinie gleich
unter der sie noch sitzt · borke ihre brust
die auf den strand geworfenen wellenlinien ihre beine

    er ist barfuss · ab und an fahren wagen vorüber

auch nach dem klingeln hat sich im haus nichts geregt
die jalousien im oberen stock sind geschlossen
essen muss man also mit fingern
und die wasserflasche sich selber füllen

    sie geht dem ufer entlang
sie weiss sie wird beobachtet doch ist ihr gang
völlig unbekümmert

er besitzt nichts das ihm solch eine sicherheit verliehe

    das haus steht in einem vergilbten feld

er ist ganz verschwitzt vom tag
die fingernägel dreckig
das hemd am rücken so feucht wie fels es werden kann

die tür steht offen · der vormittag war bewölkt
doch die schnüre des regens
verdunsten unsichtbar über dem asphalt

sie kneift in den böen des windes ihre augen zusammen

er stakst über die ackerstoppeln - zwei stuhllehnen
in der rechten · eine in der linken -
und hat etwas unerschütterliches mag es auch täuschen

einmal ausgebrandet rollen die wogen bis zur böschung

haut ist kalkstein nicht unähnlich
wie er durch das wasser mit der zeit zu furchen zerfliesst
ein gesicht · dann was man darauf gewahrt

das haus hatte den eindruck gemacht als sei ein mahl dort
zu finden: über dem feuer gedrehte fleischspiesse
zischend herabtropfendes fett · weizenmehl

sie hält ihre arme fest um den bauch geschlungen

seine knöchel sind zerschunden vom dornigen gestrüpp
von disteln und schlehdorn

sie ist weit draussen und scheint sich das kleid
jetzt über den kopf zu ziehen

er hat mittlerweile die drei stühle zu dem tisch gestellt
dessen eines bein tiefer einsinkt als das andere

sie steht im meer · es reicht ihr bis zur hüfte
und überspült sie manchmal

er zieht das brot aus ihrer tasche · nimmt die schale
und setzt beides auf ecken des tisches

was mittags glast war wird nun jenes weiss
das sich mit dem abend über das wasser legt

den emailkrug in ihrer hand
mit dem sie die gischt abschöpft sieht er ebensowenig
wie die kormorane ihrer ohrringe

die see verspricht nichts · sie verheisst einzig
kraft der flächen des himmels
die auf der unruhe des meerdunkels zu liegen kommen

antwort gibt das eigene · ein zweiter blick:
die staubschicht auf dem honig · das salzwasser im krug
auf der papierdecke des tisches

aegina 28.9.20

in der korykischen höhle des parnass – deren name auf jene karstgrotte verweist, die in kilikien als eingang zur unterwelt galt – wurden billigere orakel
als im darunterliegenden delphi praktiziert: hier musste man bloss numme-
rierte schafknöchelchen werfen und die solcherart erwürfelten zahlen sum-
mieren, um darauf von der liste einer tafel den entsprechenden orakelspruch
abzulesen. wie die astragale aus der höhle der von vergil angerufenen musen
von leibethrion zeigen, wurde dort ähnliches praktiziert.

INVENTUR DES SOMMERS II

der sommer endete mit einem wind der hart über die wellen fuhr
einer sonne die einem nicht länger den nacken verbrannte
dem seitenfenster das zu und dem gebläse das nun auf ›aus‹ blieb
der jacke in ayvalik abends an der wasserkante
den zeilen die ich dir auf der fähre nach gallipolli schrieb
in der buchführung der notizen für seine inventur
dem entrollten plastikvorhang vor der terrasse einer taverne
den regentropfen bei theben die auf meinem arm zerplatzten
wie maikäfer und der allmählich verlorengehenden erdferne
auf dem asphalt die nach dem ersten kurzen guss nach gras roch
dem unglaublichen wolkenbruch in patras
auf häuser aus beton der zeit der ottomanen und der diktatur
bei dem alle in dem strassenzug dennoch
unter vordächern laut miteinander schwatzten
und ich zu frieren begann bis auf die unterhose nass
ohne wirklichen stichtag verzeichnen diese aufnahmen nur
seine rückstände · war ›sommer‹ ein sprung
im jahr · der unterschied zwischen soll und haben · vorstellung
und vermögen in des lebens unberechenbarem aufruhr

patras-ancona 9.10.21

alles ›sein‹ wird einem ich als von ihm wahrgenommene gegenwart präsent: in dem, wovon es umgeben ist.

ÜBER DAS ANWESENDE III

samstag abend in der trattoria della fortuna feiert einer seinen sechzigsten
schläft sandro kopf im schoss seiner mutter · schweigt das paar gegenüber
sich an · verhandelt luciano mit (den namen hab ich überhört) lieferverträge
zankt schwester mit schwester · führt ein mädchen ihren neuen freund vor
hat die frau des chefs sich für heute abend die haare blondiert und der frisör
bei den männern eine freude an jedem millimeter gehabt · sitzen die meisten
in dem wintergarten mit mantel oder jacke vor dem essen die blaue maske
über dem rechten oberarm · schmeckt der piceno rosso · gibt es kaninchen
mit saubohnen · bettelt der hund auf zwei beinen um die mortadella · wird
in diesem familiären lärmen ringsherum klar wie überbordend ungebrochen
vorbehaltlos leben ist an jedem dieser tische: nichts fehlt · alles ist da jetzt
in seinem moment · und doch gibt es dieses ›alle‹ nur für mich von aussen
habe ich daran nur anteil ohne wirklich teilzunehmen oder etwas zu teilen

jesi 9.10.21

das dänische drückt gegenwart durch zwei worte aus, die ›jetzt sein‹ und ›vor augen stehen‹ bedeuten. in *den lilien auf dem felde oder dem vogel unter dem himmel* hat kierkegaard noch ein drittes geprägt: præsentisk. es bezeichnet die selbstvergegenwärtigung im hier und jetzt als ›kräftigen beistand‹ zum ausschluss allen unglücklichseins: ›gesegnet der gott, der ewig *heute* sagt‹. das gedicht spricht hingegen das gemeine geissblatt an, auch ›heckenkirsche‹ genannt.

ÜBER DAS ANWESENDE IV

eine rede o brüder und schwestern des freien geistes: in eurem jazzclub
seht ihr aus wie kurz vor oder nach dem letzten weltkrieg · weiss nicht
wann ich solche jugend erlebt hätte - ebensogut an den saiten wie wild
statt dauernd bloss brav und feig und gut · barfüssig und ungehemmt
selbst noch wenn ein linker schuh die schnarre dämpft trommelt ihr mir
das alte ideal der adamiten herbei · ihre verherrlichungen des absenten:
eine welt ohne eifersüchte und besitz · das leben vor dem sündenfall
wie sie es auf ihrer insel übten im fluss - ein woodstock an der naser
für das der langfinger an der bassgeige eine nationalhymne intoniert
von beidhändigen klavierakkorden synkopiert · the a-train is coming
auch wenn ihn nie einer nimmt · darum prosit - und du: verzeih mir
falls ich nachdem ich endlich deinen blick erhaschte an der offenen
buntgeblümten seidenbluse hängenblieb da wo sie in aller unschuld
über deine schmal weisse duftende brust fiel dass es jelängerjelieber
spitz auf knopf stand · auf verlockung und kunst! und auf die inbrunst!

prag 2.5.22

ein poetischer act wird vielleicht nur durch zufall oder öffentlichkeit überliefert werden. das jedoch ist in hundert fällen ein einziges mal. er darf aus rücksicht auf seine schönheit und lauterkeit erst gar nicht in der absicht geschehen, publik zu werden, denn er ist ein act des herzens und der heidnischen bescheidenheit. *h. c. artmann, acht-punkte-proklamation des poetischen actes, punkt 3*

DER POETISCHE ACT I

werte unbekannte tischnachbarin: als sie eben kurz in den garten gingen -
die tauben hin und her hopsend · im baum jedoch kein mensch am singen -
erschienen sie mir - streng und leuchtend · ihre schönheit
vollends lateinisch - als römische göttin der gerechtigkeit
deshalb war ich so frei und warf diese zeilen
auf dass ich sie damit überrasche
insgeheim in ihre an mein stuhlbein gelehnte handtasche
in der nebst allem anderen auch wagenheber pfefferspray ihre flugmeilen
sowie ein wörterbuch und frische unterwäsche stecken
ob sie diesen zettel darin nach wochen oder monaten entdecken
und meine schrift entziffern können - oder nicht
bezeugt sodann macht und wirkung von einem gedicht

post scriptum:

das auch fragt: wer bin ich? was ist mit den vögeln? und einem herrn gott?
meint mit ins zukünftige gerichteten grüssen ihr raoul schrott

königgrätz 29.4.22

TOTENREDEN II

in einem leichnam kommt das zu lebzeiten absente als doppelgänger zum vorschein, das tote als unser double; er erhält seine heimsuchende präsenz, indem
er keine lebendige person mehr darstellt, sondern nur noch sich selber. wird
diese unpersönliche hälfte unserer selbst nicht dem blick entzogen und bestattet, droht das hier und jetzt dem nirgendwo anheimzufallen.

DIE STATUE IM WASSER

als sie den vater um vier uhr morgens holten
      nahmen sie seinen jungen mit
er hatte keine wahl denn er war alt genug zum wählen

der vater kam nach 758 tagen wieder heim
      seine kniekappen zerschlagen
ein land am weg zum fortschritt muss auf jeden zählen

seinen sohn konnte er nie zu grabe tragen
      dessen leiche trieb wie die anderen
im trägen braun des río de la plata hinaus auf das meer

manchmal jedoch da ersteht er aus dem fluss
      um über wellen zu wandeln
der wind zieht darauf seine spur - niemand weiss woher

jenseits des stroms nennt man die früchte des jacaranda
      ›muscheln schwarzer ohren‹
sie wachsen dort aus den violetten kelchen seiner blüten

kommt hier dann ein sturm auf und verwirbelt sie
      geht der rest des leibs verloren
und die himmel bleiben leer und weiss in ihrem wüten

buenos aires, parque della memoria 13.11.17

das suffix ›-lich‹ bezeichnet gemeinsamkeiten von erscheinungsformen; es hat dieselbe wurzel wie ›leiche‹ und ›gleich‹: alle drei beziehen sich ursprünglich allein auf gestalthaft körperliches. ›ähnlich‹ hingegen ist auf das germanische ›ana‹ – ›dicht bei, nahe‹ – gebildet und benennt bloss annähernde gleichheiten.

MORITAT

die calle de los suspiros hat ihren namen
von den gefangenen die man nach dem letzten amen
in ketten hinab zum ufer führte
um sie zu ertränken - ohne dass ihr seufzen die gasse rührte

die calle de los suspiros hat ihren namen
von dem bordell in das die soldaten hernach kamen
wo man ihnen frauen vorführte
um sie zu begatten - ohne dass ihr seufzen die wände rührte

die calle de los suspiros hat ihren namen
vom warten des lieutenants auf eine seiner herzdamen
doch wer ihn im dunkeln verführte
das war dann ihr mann - den sein letzter seufzer wenig rührte

die calle de los suspiros hat ihren namen
von diesem gefreiten den man nach den einvernahmen
in ketten zum fluss hinunter führte
um ihn zu ersäufen - ohne dass sein seufzen irgendwen rührte

colonia del sacramento 13.11.17

unser ›körper‹ leitet sich vom lateinischen, materie und form eines menschen benennenden ›corpus‹ ab. er unterscheidet sich insofern von einem kadaver, der ›gefallen‹ ist – cadere – oder dem etwas fehlt – carere –, indem er noch keine bestattung erfahren hat.

BUTCH CASSIDYS LETZTE WORTE

nicht einmal bäume gibts hier mehr um mich zu hängen
die flüsse schwefelgelb oder schwefelrot
aber die berge voller silber
sodass sogar der himmel sie noch metallisch widerspiegelt
ansonsten ist es beinah wie zuhaus

das war er also - der allerletzte unserer ewigen neuanfänge:
in brust und bauch eine ladung schrot
ergibt gute zeitungsbilder
doch keinen ablassschein - jeder fluchtweg jetzt verriegelt
langt die beute bloss für den leichenschmaus

von einem minenraub gleich zum nächsten fällt keinem ein
und zwei gringos unter gringos fallen keinem auf
wie haben sie uns also erkannt?
am brandzeichen des einen packesels für den arbeitersold
nicht an den geldsäcken der intendanz

eine kugel durch die schulter · drei in meinem rechten bein
und nur eine einzige patrone noch in meinem lauf
drück ich mich an die wand
während du schon am boden liegst · über scherben eingerollt
funkelndes glas dein letzter sonnentanz

im gefecht mit den soldaten in dieser kirche des sankt vinzenz
haben sie sein schicksal nun zu unserem gemacht
doch als märtyrer werd ich nicht taugen

darum gehört dir der letzte schuss - wir werden nimmer heilig
aber wir geben allen mit unserer beute eine runde aus

mich werden füchse und raben fressen · bar eines totenhemds
während etta dein engel weiter über dich wacht
und nun schliess deine beiden augen
so bleibst du heil - komm: sie warten schon · sie habens eilig
jetzt wollen eben andere ans geld und ab nach haus

tupazi 24.11.17

das lateinische ›imago‹, von dem sich das englische ›image‹ ableitet, bezeichnete das wachsporträt oder die wächserne totenmaske eines ahnen; man stellte sie in eine nische des hauses, um die verstorbenen einer familie präsent zu halten. der begriff bedeutete jedoch bald nur noch ›kopie‹ und ›ähnlichkeit‹.

CARLOS GARDEL 1915

man errichtete im dschungel eine stierkampfarena aus ziegeln und stahl
mit einem spielkasino unter den stufen - sensationell! gediegen!
zimmerte einen steg in den río de la plata für die dampfschiffe
und baute einen bahnhof samt hotel für die reichen gäste

am tag der eröffnung aber war stierkampf bereits illegal
und die steuer für die glücksspiele in solche höhen gestiegen
dass weder schmiergelder halfen noch parlamentarische kniffe:
die karten- und roulettetische blieben leer und die abende ohne feste

statt kampf und tod an jedem samstag · blut im sand
verzweiflung und bankrott · geschah da ein wunder:
carlos gardel kam über den strom · stellte sich in die mitte
und stand unter dem malvenfarbenen himmel für das ganze land

er sang von der taube und der faust · dem wermut
der sehnsucht und dem essig der gier · dem zunder
der liebe und dem holz der seele · wie tanzschritte
dem leben halt und gestalt geben · von aufbegehren und demut

er sang von ohrfeigen und küssen · der schönheit
die im scheitern liegt · dem schwarzen holunder
und seinen schneeweissen blüten · der vierten bitte
der dampfmaschine der stadt und den maisfeldern unserer arbeit

von glück und tücke · von allem und jedem · und der klang
seiner stimme erfüllte diese arena bis zum hintersten rang

colonia del sacramento 14.11.17

das ›selbst‹ leitet sich ab vom adjektiv ›der-, die-, dasselbe‹, mit dem identitäre gleichheit benannt wird und das seinerseits auf reflexivpronomen wie das französische ›se‹ zurückgeht. zu einem substantiv geriet es im 18. jahrhundert, in nachbildung des englischen ›self‹; man gebrauchte es zunächst nur religiös, um ein sündiges, korrupt ›selbstisches‹ ich zu bezeichnen.

LEBEN DES MATVEY ›FALAFEL‹ NATANZON
BACKGAMMONGROSSMEISTER
(1969–2020)

es stimmt - ich war faul und ich trödelte gern
doch interessierte mich etwas liess ich nicht locker
rausgeflogen von zuhaus schlief ich unter spieltischen im park
willensstark war ich · niemals subaltern
also setzte ich mich tagsüber auf und wurde zocker

jedem schien ich ein einfaches opfer
mit hawaihose wollmütze und silberblick trat ich auf als idiot
und zog damit den hasardeuren das geld aus der tasche
ohne ein erbarmedich - des schicksals türklopfer
hängt an jedem heim · nur der tod kennt kein hausverbot

das spiel ist eines von zufall und taktik: tric-trac
es spiegelt das leben: erst im luxus · darauf wieder in der gosse
so stolperst du dahin feld um feld und zurück nach hause
es braucht ebensoviel glück wie geschick: trac-tric
sich dabei auf fortuna verlassen will bloss ein banause

da ist das selbstsichere paff der steine aufs brett
und dieses gerassel von würfeln ähnlich einer klapperschlange
bei den eröffnungen - das gebe ich zu - war ich kein genie
doch danach erspürte ich traumwandlerisch das duett
von zug und gegenzug · all das unberechenbare im gange

ich blieb ihm damit um ein zwei schritte voraus
und wettete auf anderes auch: heirat in einem jahr
frieden im nahen osten · dass ich tanzen lerne · einen zufriedenen tag
der einsatz war hoch - doch am ende geht er stets ans haus ·
es ging nie ums gewinnen: es genügte dass es möglich war

tel aviv 14.2.20

NACHTFLÜGE

›sein‹ wird zeitlich bestimmt; manchmal jedoch genügt es, einen scheinbar vorgegebenen reim leicht abzuwandeln, um es mit einem anderen vokal von der vergangenheit auf die zukunft zu richten.

INVENTUR DES HERBSTES

der beruf zur routine geworden
    ist es nie zu einem gespräch gekommen
über das unmögliche: den blick abends in den norden
    vom schreibtisch aus die bergflanken am aufglimmen

in der agenda zunehmend weisse seiten
    finden sich bloss die termine mit der welt noch notiert
das vergangene abgelegt und bilanziert
    führst du nun buch über die eigenen wahrheiten

die zukunft endlich jetzt und hier
    unverrückbar · nicht mehr aufzuschieben
ist sie der wein im garten · ein stück himmel · das fis am klavier
    das echo der wolken · die stimmen derer die dich lieben

dass der tod stets der stille teilhaber ist -
    wen kümmert es schon? das leben ist kein geschäft
von dem man seinetwegen abstriche macht: ob schlecht
    oder zu recht - er kann dir allein vorhalten dass du bist

warum also die zeit anhalten wollen
    oder selbstvergessen nach trost suchen?
was zu tun ist wird getan: desto weniger ist ihm zu zollen
    über die fehlbeträge dabei lass ruhig die erben fluchen!

landeck 26.10.2011

das unablässige fortschreiten der uhrzeiger über ein ziffernblatt erscheint als einsichtige darstellung von zeit: wie sie sich als raum ausdrückt. das weiterrücken des sekundenzeigers auf immer wieder neue positionen markiert jedoch ein ›jetzt‹, das jedesmal ein anderes ist – wiewohl es in seiner gegenwart dasselbe bleibt. fliesst dieses ›jetzt‹ nur nebenher in der zeit mit? oder skandiert erst seine ständig zum stehen kommende bewegung die zeit? gibt es nur das jetzt – und somit die zeit an sich nicht? oder gehört das jetzt ihrem linearen verlauf nicht an?

ÜBER DAS ABWESENDE XI

ein stapel · da bist du in roten sandalen
    und wollstrumpfhosen am bou cornin
erika in römischen ruinen mit sonnenbrillen von dior
    und dem ersten mini in ganz tunesien

dias · blasse abzüge von den originalen
    irgendwelche spaziergänge am inn
wolfram zwischen grasbulten im hochmoor
    seine miene wie immer unerklärlich verkniffen

darunter fotos von anderen reisen und jahren
    die nicht mehr einzuordnen sind
gesichter von bekannten die es nie waren
    und geschichten die man bald zu erraten beginnt

manche aufnahmen sind grob gerändert
    als wären sie willkürlich beschnitten
fragmente die man vergeblich versucht zu kitten
    weil das vergangene sich gleich schnell vergisst

wie die zukunft die in all diesen momenten lag:
    selbst wenn man sie abgewartet hat
blieb sie so überraschend wie das metallische patt
    der kamera in einer sekunde damals am sonntag

sie für ein stück zeit zu halten wäre so banal
    wie die motive dieser bilder · jeder augenblick ist
und das für sich: man ist nie das was sich verändert
    auch in der erinnerung hat man keine wahl

und so sind sie sich alle ähnlich in einer gegenwart
    in der allein gewärtiges etwas wiegt:
was sich in diesen schnappschüssen bewahrt
    ist das was nun unsichtbar in der erinnerung liegt

egg 9.12.21

ein bild als abbild eines objekts rückt uns dessen realität in seiner absenz vor augen. ein leichnam hingegen manifestiert weder die zuvor leibhaftige person noch das menschliche an sich: er stellt sein eigenes bild dar, das nichts anderes mehr in der welt abbildet; er scheint einem schatten gleich, der zuvor in jedem lebenden wesen steckte, sich aber von ihm gelöst hat und nun seine ganze teilnahmslose körperlichkeit vorführt.

ÜBER DAS ABWESENDE XII

am wasser · und wieder eine nacht
aus der man gegen vier uhr morgens erwacht
diesmal weil durch den gang wie aus weiter ferne
tropfen nacheinander auf dem email der badewanne zerplatzen
so fein als höre man ein sirren der sterne
      früher hätten wir uns in den schlaf zurückgefickt
aber da ist eine unruhe die mich ins freie schickt
der mond eine vierzig watt birne · sein licht
auf dem gras als liesse es sich wie acryl mit fingern abkratzen
der himmel im schatten hinterm haus immens
so schwarz wie die luft eisig - um in dieser rundumsicht
den gestirnen gegenüber bloss unwillen zu empfinden
indem aus ihnen weder bestimmung noch dispens
oder sonst irgendetwas entzifferbares herauszulesen ist
derart deutlich führen sie einem in diesem blinden
vor augen was man gerade vermisst
alles womit man auflehnung bekunden möchte oder dissens
ein atemhauch in der kälte · der am ende etwas lehrt:
wie abwesendes sich in einen moment von freiheit verkehrt
bis man frierend ins bett zurückkehrt
und die wasseruhr einem weiter zeiten und vergehen zumisst

egg 24.11.21

trotz ihrer zeitlichkeit ist die welt für uns nicht nur als gegenwart, sondern auch als zukunft und vergangenheit präsent, insofern sie unserer vorstellung angehören: unsere aufmerksamkeit erfasst die gegenwart, unsere erwartung die zukunft und unsere erinnerung die vergangenheit. auf diese weise besteht unsere anschauung in der innensicht auf allermeist absentes, dem zodiakallicht der teilchen vergleichbar, die von der planetenbildung übergeblieben auf- und gegeneinander stossen, um nun ebenso einen gegenschein wie eine lichtbrücke zu bilden.

INVENTUR DES WINTERS

die linie zwischen himmel und erde ist mehr als das:
ein klaffend weiter abgrund · doch ist da diese falsche dämmerung
ihr lichtkegel am horizont des herbstes das milchglas
auf jene zeit als das eine aus dem glimmen
des anderen erstand · der auffunkelnde staub eine entsprechung
des lebens · und zu bestimmen
woraus es sich zusammensetzt inventur nun für den winter
        ich finde vieles das ich mir bloss selber sagen kann
statt schuld zwar eher verluste - aber die als splinter
in dem was früher ›seele‹ hiess · was mit jeder neuen liebe begann -
kinder · der ort für sie - hielt ich fest auch nach dem ende
solange man mich irgend liess · am soll und haben der hände
erkennt man sich als mensch: seine anlagen
        es gibt nichts zu bereuen
solang man es versucht hat in einem einzigen grossen wagen
vorbehaltlos und ohne etwas zu veruntreuen
um zu merken dass sich vorwärts zu bewegen meist ins leere stösst
man sich um die eigene achse dreht
        so wird es hell jetzt · der tag über die gasflamme gehalten
erst violett dann ultramarin bis er sich wieder in luft auflöst
und mit ihm diese wolke dunkler splitter die es um die sonne weht
glitzernd auf umlaufbahnen im kalten
als differenz zwischen gewinnen und haben sichtbar in stundenfrist:
der saldo von zerbrochenem · aus dem nichts geworden ist

egg 25.11.21

otto lilienthal stürzte beim gollenberg aufgrund einer ›sonnenbö‹ aus 15 meter
höhe ab und brach sich einen halswirbel: ›und wie er ein stück geflogen war,
steht er oben in der luft vollständig still. und dann sehe ich, wie er mit den
beinen so schlenkert, hin und her, um den apparat in bewegung zu bringen‹.
inspiriert wurde das gedicht jedoch auch vom cover der cd ›the gloaming 2‹,
das nicht für den umschlag dieses bandes zu kriegen war: erneut absentes also.

ARS POETICA II

was immer es war - ich habe es versucht
in der bewegung festzuhalten · diesem schwingen
bei dem es atmet bis in die knochen um sich nach all den schlägen
auszubreiten und im gleiten vielleicht - vielleicht - zu singen
jedem widerstand zum trotz der luft entgegen
und wie lauthals habe ich geflucht
wenn mein segelapparat aus stoff weidenholz und vogelleim
wieder nur im schatten des windes stand
und es bei der geste blieb · dem fuchteln mit der blossen hand
in den spannweiten der zeilen · dem gefiederten reim
selbst wenn ich etwas lebendig einfing
kam es in nur kunstvolle drahtkörbe · nimm erst anlauf: dann spring
fordert die fliegekunst · doch gar mit dutzenden käfigen am leib
brachten mich die darin flatternden flügel nicht weiter
als in die sandgrube unter dem spitzen berg · sitz und schreib
heisst es in meinem gewerbe - für alles andere nimm dir eine leiter

egg 11.1.22

die welt, die wir wahrnehmen, ist nur mittelbar anwesend, indem unsere sinne auf physikalische wellen und chemische konzentrationen ansprechen, deren energiequellen uns nicht zugänglich sind. wir registrieren nicht die welt, sondern vielmehr wechsel in ihr – die an wie für sich bedeutungslos blieben, wenn wir sie nicht mit vorhergegangenen vergleichen könnten: der erinnerung an damit verbundene erfahrungen. etwas zu erblicken bedeutet deshalb, vergangenes zu sehen, narrative von bedeutungen, die im moment des schauens im selben mass abwesend sind wie die wirklichkeit, die wir zu erblicken meinen.

NACHTFLUG

nur gegen den wind vermag man aufzusteigen
und sich von seinem schatten abzuheben
selbst noch im dunkeln · um dann ohne karten
allein mittels signalen zu navigieren
stille · geladen von schweigen
und einer undurchdringlichen macht

ohne all die luft um in ihr zu schweben
bliebe der himmel tagsüber nacht
von sternen durchstochen · sonne und mond wie ausgestanzt
blüten würden vergeblich auf ein dämmern warten
und blätter blieben bloss aufgepflanzt
     nichts mehr bräche das licht
man stünde nur in strömungen · in einer unmerklichen drift
und es gäbe weder hitze noch kälte: nur temperatur
einen raum · sowie eine innere uhr
die sich nach der erddrehung stellt
einem rotierenden kompass gleich den kein norden aufhält
die höhe über dem meer nicht mehr bestimmbar -
da wäre bloss ein unleserlicher druck
anstelle dieses protokolls mit einem bleistift

die flügel tragen wenig mehr als mein gewicht
und manchmal beginnt die zelle des cockpits zu vibrieren
kommt es zu einem ruck
holt man sich an den armaturen eine blutige stirne
     steuerknüppel heisst: mit ausgestreckten händen
metallschweres zu halten ohne abzulassen

bis zum ende
inmitten flüchtiger massen
die so sacht sind und derart unbedacht

die städte unten · die hügel und flüsse
wiewohl wirklich blieben teilchen und schwingungen
und was von der ionosphäre herabdringt bedeutungslos
staub in den augen
ohne irgendwelche aufschlüsse
darüber was offenbar ist und für sich · selbst und gross
in allumfassenden bedingungen -
chemische konzentrationen auf der zunge
verbindungen in nase und lunge
moleküle die zerbrechen und über die haut treiben
wie der funkensprung am finger eben
bei meinem kontaktversuch mit dem tower

so hat auch diese front nunmehr ihre eigene dauer
ohne ihr begriffe wie ›wolken‹ und ›gewitter‹
zuzuschreiben:
                    nicht die ›welt‹ nehmen wir wahr · nur die wechsel in ihr -
widerspiegelungen an den oberflächen als farbe
einen geruch als birne
stimmen als eindruck
oder einen ort - ›rot‹ die erzählung meiner selbst
eine wunde · ein stück fleisch · eine narbe
beeren in einer schale · das kleid meiner mutter · die flasche wein mit dir
sovieles von dem etwas ausging · das man glaubte gemeinsam zu nennen

ohne es im grunde zu kennen
ungreifbar und bitter
was uns umschliesst ist alles andere als leer
wir sind zwar nicht blind - doch es zeigen sich allein kontraste
weder dinge an sich noch ein gesicht
        um sich zu orientieren
schauen vögel auf ein polarisiertes strahlen · ein magnetisches moiré
das neben der sonne aufschillert als c
und rentiere erkennen an einem ultravioletten gleissen am eis
kreis für kreis
die flechten die sie fressen
        ich dagegen verfüge für diese unterschiede
nur über kippschalter ohne die ich nicht in meinem flug bliebe
instrumente die für mich messen
nickel und kupfer · manometer · irgendeine taste
ein gyroskop von ohrensteinchen für einen inneren horizont
und das plexiglas rund um mich

ich verlange längst nicht ewig zu sein
und weiss: da ist keine umkehr mehr
        dennoch will ich nicht dass das leben
wie sehr es einem als geschenk erscheint oder als affront
auf einen schlag jeden sinn verliert:
zumindest sollte es ein rätsel bleiben für das es viele lösungen gibt

sobald jedoch der motor aussetzt
werde ich fallen: diesem irrlichternden erdschein anheim
der keine andere wahrheit beansprucht als die gegenwart
die ständig auf sich insistiert
und am schluss vor einem aufstiebt

keine landung ist endgültig - bis auf diese letzte im leeren
da einem der schnee am berghang zu spät zeigt was zu tun bliebe

sie ist der grund dessentwegen wir alles angehen: liebe
oder einen erkundungsflug · sie ist das worauf man starrt
in der gleichheit vor den schatten
die nichts zurückerstatten
und einen schliesslich einen augenblick lang für immer versehren

sigonella 28.5.17

nicht immer bestimmt absentes das anwesende: keine luft zum atmen zu haben hat zur folge, dass man stirbt; doch dass sich gerade kein tiger im zimmer befindet ist nicht der grund, weshalb man noch am leben ist. abwesenheit ist nicht mit negativer präsenz gleichzusetzen: nicht tot zu sein heisst noch nicht, dass man auch lebendig ist.

HOHE GEBURTSTAGE

älter werden heisst sich ertragen lernen
   sich betrachten als sähe man aus dem fernen
auf sich und käme sich näher und näher
   jeden tag · als geschähe er
jetzt von augenblick zu augenblick
   und verlöre dadurch jede dauer
   gerade so als schaue er
zurück auf uns - jedwedes missgeschick
   und alles glück aufgegangen in einem bild
das dir endlich klar vor augen steht:
   in dem nichts mehr vergeht
die farben kanten und konturen auf einmal so mild
   du darin ungebrochen jung
in dieser sich erfüllenden vollendung:
   älter zu werden bedeutet dann
konsequenzen daraus zu ziehen
   dass wir ohne irgendein wozu geboren sind
   nicht länger vor sich zu fliehen
   das zu sein was man kann
um sich allem entgegenzuhalten: den tag dem wind

landeck 26.10.16

wahrnehmung richtet sich im wesentlichen auf präsentes, des öfteren vervoll-
ständigt vom bedürfnis, es zu verändern – während das abwesende uns
manchmal vor augen führt, dass dies nichts bringt.

ÜBER DAS ANWESENDE V

im miserablen der existenz wenn da niemand mehr ist
bleibt doch nicht nichts · da ist der hochnebel in licht aufgelöst
über einem alles - selbst das wintergrau der kiefern - deckenden
frischen kalten fall · die ausflockenden
blaustichigen flächen die in den schatten ein wenig tiefer geraten
und der schnee also auf den bäumen und drähten
der in fingerhohen schichten
noch daran haftet obwohl er schon von den nadelgeflechten
geschmolzen ist · dann sieht man miteins
eine handvoll in der sonne - unter der die planken des zauns
und der terrasse dampfen - ebenso unvorhersehbar
wie unvermeidlich abbröckeln · vom harsch eines feldgrabens
lautlos verschluckt werden
und den ast darauf leicht emporschwingen und silberleer
in der luft hängen · eine geste der schönheit im absurden
und für die dauer dieses gedichts die allegorie des lebens

egg 2.12.21

INVENTUR DES SOMMERS II

geschriebenes verdeckt das ungedachte ebenso wie das unbedachte. was in einem text gesagt und was von ihm ausgeklammert wird, erzeugt eine spannung, obgleich sich zwischen geschriebenem und ungeschriebenem keine grenze ziehen lässt.

INVENTUR DES SOMMERS III

sommer ist der moment als ich mit vierzehn in einer gasse
fahrrad auf der schulter beschloss wie ich sein will
und es sind die endlosen stunden auf dem hausdach wo ich im grell
der hitze meine erste wahre liebe nicht und nicht vergesse
die auskühlenden abende mit v. · pfirsiche und melonen in rotwein
die überraschungen eines kreuz und quers - vom open air in doolin
wo mir einer vorführt wie man stiehlt
bis zum bus nach sagres in dem ein fremder sein geld mit mir teilt
er ist die gratwanderung mit r. über den hungry hill
die tamariske auf paros unter der ich mit m. schlafe · der tag so hell
wie meine scham danach · um zwei buchten weiter
und jahre später mit meiner familie als mieter
in kurzen hosen homer zu übersetzen
und wieder ein anderer zu sein · der steinige steig hoch zum helikon
um mich dabei klatschnass zu schwitzen
der mittag im fenster · und die arbeit vor dem ins schwimmbad radeln
die vielen mit denen ich nicht mehr will um zu sein wer ich kann
und die wenigen denen es egal ist · und erneut das trudeln
in diesen stichproben einer buchführung der sommer
fletschend darüber jedesmal dieses biest - die sonne · sie brütet immer
auf dem marmor oben ihrer säulentrommel
dass einem die schläfen pochen · es bleibt ein aufraffen und auflehnen
für oder gegen etwas das ich bloss vermag zu ahnen
in hitzeschleiern von licht unter dem gleichgültig ultramarinen himmel

egg 29.7.21

der poetische act ist die pose in ihrer edelsten form, frei von jeder eitelkeit und voll heiterer demut. *h. c. artmann, acht-punkte-proclamation des poetischen actes, punkt 5*

DER POETISCHE ACT II

17. SEP 2022 08:34

anderntags beim dir zuhören (über fussball!)
gab es den moment in dem ich dein ohr sah
den kleinen weissen stein · das haar darüber
hüfthohes und gelb am wind gebogenes gras
die ohrmuschel das labyrinth der welt (nicht
von dir doch) hin ins dunkle · das mangels
eines stimmig deutschen wortes caeruleische
deiner augen · licht auf bergblaues mineral
deine lippen leicht vorge- (nicht geschürzt
gewölbt · geschoben - aber etwas auf die art
wie das bloss werder-bremen-fans können):
ein so ganz und gar nicht flüchtiges bild
der schönheit - als habe man sie verstanden

RE: 17. SEP 2022 18:48

die schönheit als eine zweistellige relation

18. SEP 2022 24:01

der uneigentliche bruch in dem der nenner
gleich wie hoch der zähler immer eins ist

dreissig speichen an einer nabe – gerade da, wo nichts ist, erweist sich die nütz-
lichkeit des rades; ton zu einem krug getöpfert – erst dank seiner leere erweist
sich ein gefäss als nützlich. *laozi, daodejing*

DER POETISCHE ACT III

ich sah dich · dir am tresen zu · und lachte dich so offen an
wie du zurück in der unschuld des schauens
mit der man sich erkennt als frau und jedermann
worauf dein blick abweisend wurde · voller misstrauen
ich möchte dich verspottet haben
    weshalb ich auf einen zettel schrieb
dass vor dir der wind zwischen die buchstaben
fährt und das weiss darin zurücklässt: staub
schwebend in der luft · und deine silhouette da
dem flimmern ähnlich ist der flügel an diesem falter
den ich dir über die theke schob

es war ein ausgesetzter moment · und er vollendete sich
    festgehalten von vergleichen
die niemanden vereinnahmten · unvermittelt unwahrscheinlich
der zopf deiner haare rechts dem hals entlang auf die schulter
die kontur deines kopfs ein ja
    mit allen seinen fragezeichen

er wiederholt nunmehr die plötzliche pause der grillen im gras
und die leere des pols die trotz des kleinen bären besteht
    indem nacht und erde sich um sie dreht
und einen heimsucht · sternbilder hinterglas
doch die welt vorhanden · eine ahnung von abwesenheit nur
vollkommen wie eine windstille spätnachmittags
der schatten der bäume ihre spur

dornbirn 21.5.22

das abwesende lässt das anwesende manchmal surreal geraten; ich wollte, ich könnte öfter den ton dafür finden, um das dazwischen zu erhaschen, ihm mit mehr phantastik den rechten raum zu geben und in dem blick zu bleiben, weil er das leben auch lebenswert macht – sage ich, während von irgendwo ein akkordeon und hundegebell herauf zu der terrasse dringen, auf der ich im dunkeln nach den buchstaben dafür suche und mich weiterhin vertippe, die ersten worte lösche und neu ansetze.

ÜBER DAS WESEN

ich trage meinen lehrstuhl mit mir herum · im gelände
neben dem asphalt stieben öfters die wildtauben der frauenhände
aus dem schilf · dann sehe ich sie am nebentisch
von den fingerspitzen bis zum gelenk sich um ein ohr kuppen
oder strähnen flechten · sie entspringen dem maifisch
und - wie ich beweise - einzelnen arten von kuckucken
so arbeite ich schon seit jahren an einem lehrbuch der chimären
um sie in ihrem habitat zu erklären
und schreibe im moment gerade an einem traktat
über die befruchtung der seeschwalbe (sterna paradisaea) im bad
mit einem cypripedium · früher gelang es mir manchmal
solche mischwesen einzufangen und mit einiger wirrsal
ins zimmer zu bringen · flüsternd und ohne die lippen zu bewegen
doch nie fand ich heraus wie sie hegen und pflegen
oder womit sie füttern · und wiewohl ich sie frei herumlaufen liess
fand ich sie morgens stets auf einem blatt: fahl · ohne sich zu regen
jetzt flattern sie einfach trotz all meinem fleiss
an mir vorbei als sei ich nicht da oder ihnen unheimlich geworden
diesen kreaturen des südens aber auch den scheuen im norden
es ist das alter · und dass ich schon zuviel über sie weiss
doch halten sie mich lebendig und stimmen gar poetisch
auf der jagd nach ihnen in kurzen hosen und mit schmetterlingsnetz
es scheint als wäre ihre entziehbarkeit ein naturgesetz
weshalb ich auf eines pochen muss: als haustiere wollte ich sie nie

paestum 12.6.22

der poetische act wird starkbewusst extemporiert und ist alles andere als eine bloss poetische situation, die keineswegs des dichters bedürfte. in eine solche könnte jeder trottel geraten, ohne es aber jemals gewahr zu werden.

h. c. artmann, acht-punkte-proklamation des poetischen actes, punkt 4

MISE EN ABYME

es gibt da ein dorf auf einer klippe das hat eine terrasse
der verliebten auf deren bänken man hand in hand sitzt
von dort öffnet sich ein derart weiter blick
über land und meer man möchte meinen dass man sie besitzt
     sieht man jedoch in die tiefe ist es als erfasse
einen diese andere anziehung in ihrer atemberaubenden panik
denn wie das mit der liebe ist wenn sie uns in zuversicht wiegt:
man vergisst dass einem der abgrund zu füssen liegt
     so schau ich dir vom bett aus zu mein schatz
wie du in diesem hotel am marktplatz
in unterwäsche am balkon stehst
um die tauben unten mit sonnenblumensamen zu füttern
und dich dann her zu mir drehst
im glauben mich könne nichts mehr erschüttern

trentinara 17.6.22

und hier die lehrtafel vor einer von den ausgrabungen in paestum zu tage
geförderten baustruktur als gefundenes prosagedicht über die wirklichkeit
dessen, was wir für anwesend halten.

die besonderheit der grossen eingetieften umfriedung von paestum
liegt in den 73 steinernen sockeln an ihrer schmalseite · sie dienten
als basen einer plattform breiter planken für die aufführung der riten
zu ehren der ›herzenswenderin‹ venus verticordia · jeden april kamen
die frauen hierher um ihre sinnlichkeit und fruchtbarkeit zu erleben
indem sie die statue der göttin in einer prozession zum becken trugen
um sie in das wasser zu tauchen und zu waschen · danach wurde sie
in kostbare gewänder gehüllt und mit blumen und schmuck behängt
stiegen die frauen unter den wachsamen augen der venus in den teich
legten ihre kleider ab und badeten · erfahrene wie unerfahrene frauen
begegneten sich so um voneinander zu lernen und sich über das leben
und seine stolpersteine auszutauschen - die jungen um über die ehe
und die mutterschaft zu hören · die alten um die gebrechen zu lindern
und die schwangeren um sich vorzubereiten auf die wehen der geburt
anderen ansichten zufolge umrandete die struktur jedoch keinen teich
sondern diente als speicher um das gerade geerntete getreide zu lagern
sorgten die pilaster dafür dass die luft unter den planken der plattform
zirkulieren konnte und das korn im winter nicht zu schimmeln begann

ich suchte, jetzt in der rosenzeit, rosen in paestum für dich, um dir ein klassisches geschenk mitzubringen; aber da kann ein seher keine rose finden: in der ganzen gegend rund umher, versicherte mir einer von den leuten des monsignore, ist kein rosenstock mehr. ich durchschaute und durchsuchte selbst alles, auch den garten des gnädigen herrn, aber die barbaren hatten keine einzige rose. darüber geriet ich in hohen eifer und donnerte über das piaculum an der heiligen natur. der wirt, mein führer, sagte mir, vor sechs jahren wären noch einige dagewesen, aber die fremden hätten sie vollends alle weggerissen. das war nun eine erbärmliche entschuldigung. ich machte ihm klar, dass die rosen von paestum ehedem als die schönsten der erde berühmt gewesen, dass er sie nicht musste abreissen lassen, dass er sie nachpflanzen sollte, dass es sein vorteil sein würde, dass jeder fremde gern etwas für eine paestische rose bezahlte, dass ich, zum beispiel, selbst jetzt wohl einen piaster gäbe, wenn ich nur eine einzige erhalten könnte. *gottfried seume, spaziergang nach syrakus*

caffè und cornetto im stehen und die zeitung von heut · lazio rom -
verona 2:2 · was ist ein ramsay-hunt-syndrom?
ukraine · und im iran beginnen sie wieder zu steinigen
du seist durch den wind schreibst du drum schick ich dir mut liebes
dort wo ich jetzt wohne sind die heiligen
aus pappmaché legt man sich jedoch zur andacht des leibes
auf den strand · ich habe noch kein geschenk für deinen geburtstag
bloss neues von nirgendwo · und das stets von gestern · sag
was macht deine schwester? ich suche nach den rosen von paestum
welche zweimal blühen doch nicht mehr wachsen
du meinst man sei nur glücklich wenn man glück hat -
wie die deutsche sprache vorführe · man kann es auch sein anstatt
glaub mir: zwar ist überall die rede von ruhm
doch überstehen ist alles - selbst wenn sich keine x- oder y-achsen
dafür finden · auf der hand die das ticket für die kirche stanzt
ist die s. c. u. eintätowiert und die corona borealis
dann am fensterkreuz · das meiste bleibt befangen in einem irrealis
der gegenwart · musik diesen hügel herauf · ob dazu jemand tanzt?
nur die leichenwagen kutschieren im schritttempo über schlaglöcher
also sende ich dir ein selfie von mir und dem meer
damit du nicht fürchten musst dass ich verknöcher
und diese ausgabe meines corrierre della sera gleich hinterher
am horizont draussen zwischen wolken verkeilt ein stück glas
in dem sich all das spiegelt was ich vergass
denn erst wenn die erde sich abends von der sonne fortdreht
und die papierbahnen des tages ihr ende erreichen
beginnt sie mit diesem vierfarbendruck unserer ohnmacht

und einer schönheit deren abzüge der reihe nach wieder ausbleichen

bis die rolle leer läuft und an dieser rotationsmaschine der nacht

bloss das russschwarz noch haftet - geschönt von reflexblau

in das sich manches mal das wasserzeichen des mondes einprägt

anstelle von titelseiten oder todesanzeigen · lies sie genau

lecce 10.6.22

alles, worauf ich mich beziehen kann, gibt es – meerjungfrauen, güte, gedichte einerseits; andererseits gesetze, zahlen, den vierdimensionalen raum – selbst wenn es unwirklich scheint oder nicht wahrnehmbar ist. man kann dem, was man sich vorstellt, ein sein zuschreiben, es benennen und ihm in gedanken nachhängen, ohne dass es auch existiert.

INVENTUR DES SOMMERS V

sagen wir einfach mit den sonnentänzen geht es jetzt zu ende
mit dem widerstehen und aufbegehren · diesem starren ins licht und leere
doch schreibt niemand ein lob der sommerwende
weil da die tage nicht mehr länger können: es liegt keine ehre
im resignieren als sei es feig - obschon die unfähigkeit aufzuhören
alle tragik bedingt · unerreichbar jedoch kann nur werden was wir wollten
es würde genügen wunsch und hoffnung abzuschwören
und im aufgeben auch das geben zu sehen - von jenem stück ich
das wir von anfang an dem leben abtreten sollten
doch dann wären wir umso weniger lebendig ... unverbesserlich
hab ich dir derart - bevor ich dich überhaupt traf -
von jeder reise um die welt immer etwas schönes mitgebracht
um dir zu zeigen: ich habe da schon an dich gedacht
im kreisen um den pfahl aber mit seinen lederschnüren und salbeikränzen
hast du dich bis heute nicht gezeigt · so ist es nun wie mit dem schlaf
dem man sich hingibt nacht für nacht · seinen harmlosen absenzen
und den illusionslosen tagen an denen nichts geschieht
die zweifel umrissen bei jedem blick hoch zum zenit

egg 15.2.22

das glück der gegenwart liegt in ihrer rundumen vereinnahmung, wenn man sich wie hypnotisiert darin verliert, auf sie nur noch reagiert, sich äusserstenfalls gegen sie behauptet, ohne irgendein verlangen mehr, über sie zu reden: sich leben lassend – ohne sein ich artikulieren zu müssen.

ÜBER DAS ANWESENDE VII

raumes segeln in einem einzigen weiten wehen
fell klatschnass von den folgeseen im wind stehen
hechelnd nur den nächsten hub der wogen voraussehen
die dann durchrollen unter den beinen
jeden stoss spüren bis in die zehen
um schliesslich in einer bucht vor anker zu gehen:
        thymian in der luft · ein saumpfad in den steinen
am ufer · ziegen an den hängen · die kette
gerade so lang ausgemessen dass das boot
zwischen den landzungen schwojt
seine schleifen zeichnet in die durchlässige glätte
des wassers jetzt aus dem der mond steigt · rot
in das abenddämmern des august
        gedankenleer · doch bewusst
von allem umfasst · nicht mehr als ein lot
der böen · hin · her · dem schwirren der zikaden gleich
im selben bild mit dem schattenreich
am kliff und dem nun silbernden meer · ohne grund
da und hier · und so zufrieden wie ein hund

ormos ioannis 10.8.22

gegenwart besteht in der konfrontation (›gegen-‹) mit der erwartung (›-wart‹) dessen, was auf einen zukommt. derart bleibt das hier und jetzt in einem vorgriff befangen, der sich den hoffnungen auf die zukunft widersetzt – während man sich doch der vergangenheit entgegensetzen sollte: denn wer sich ihrer nicht erwehrt, hat keine vergangenheit oder kommt aus ihr nicht heraus, indem er weiter in ihr lebt.

ÜBER DAS ANWESENDE VIII

der weichselbaum am hang steht nun im selben weiss
wie monate zuvor: doldenschnee · finger
die sich aufschliessen unter wolken als einem weiteren weiss
blechdach gleissend daneben · in diesen wiederholungen
des ewig neuen sind wir nicht einmal handlanger
erblicken wir sie wenn als übermalungen
des himmelblauen oder korrodiert schwarzen
      doch was spiegelung zu sein scheint · farbe des nichts
birgt in sich ein unsichtbares um- und überstürzen
sieben arten von bunt · die leichtfertige vielfalt des lichts
die sich vor aller augen vollzieht · nur ohne uns und strenger:
frühling und winter gegenüber bleiben wir blutige anfänger

egg 20.4.22

es gibt zwei arten von blankheit: die weisse seite, auf der nichts steht, nie etwas gestanden hat, und die seite, auf der etwas stand, das man versehentlich gelöscht hat, einen satz im text, den man vergeblich sucht, der plötzlich fehlt. nur in letzterem liegt die wahrnehmung einer absenz.

EVA VON NORDEN

mittag und winter über einem flachen land
licht langsam und gerade · von keinem laub gestreut:
gestochen scharfe bäume · einförmig graue felder
und hart umrissene häuser wie innegehalten
vereinzelt vor dem am rand verschwimmenden himmel
in dem die sonne sich auflöst · es ist was ich kenne von ihr:
gesicht und schulter auf einigen fotos · die stimme durchs telefon
was wir über andere uns erzählen ohne dass es sich in mehr
als in den namen deckt · ein jedes zieht an
aber ist noch nicht eins oder bei sich · im reinen
nur der tag so weit er reicht · die ferne zu ihr
luft hell wie ihre haut dass sie beinahe zu schmecken ist
die beeren der misteln sommersprossen schon

buxtehude 28.1.17

INVENTAR DER ZWISCHENRÄUME II

Am Ende habe ich eine Gestalt der ERSTEN MUSE entdeckt, wie sie namenlos in einer Ecke des archäologischen Museums in Antakya steht. Sie entstammt demselben Jahrhundert, in dem der Musenkult am Helikon mit seinem allerersten Museion als Halle für die Votive an sie und den ihnen geweihten Musenspielen begann; und gefunden wurde sie in der Nähe jenes griechischen Handelspostens zwischen Flussmündung und Meeresufer am Fusse des Amanusgebirges, von dem ihr Kult einst zum Helikon gelangte. Es ist eine fast lebensgrosse Frauenstatue, die auch das Kleid andeutet, mit dem sie von dort im 4. vorchristlichen Jahrhundert in ihr nunmehr hellenisiertes Pierien zurückgekehrt war. Aus schwarzem Basalt gehauen, fein gearbeitet und dennoch gesichtslos belassen, wird in ihr das präsent, was sich uns ewig entzieht, unser aller alter ego: das Steinerne, wie es bereits in unseren Knochen steckt, das Steinerne, in das wir uns nach dem Tod wieder verwandeln. Ich kann sie stundenlang anschauen, um in dem wenigen Menschlichen, das ihre Figur aufweist, eine Form zu erblicken der Abwesenheit unser: in eben diesem Genitiv, der vermittelt, dass sie zu uns gehört, ohne dass wir über sie irgendwie verfügen könnten.

Dennoch trachten wir danach: die Anrede der Muse stand immer schon exemplarisch für die Artikulationsversuche der Literatur. Denn bei allem Sprechen ist zu unterscheiden, ob es etwas in seiner An- oder in Abwesenheit benennt. Bei dem einen reagieren wir auf etwas, das vor sich geht, und teilen unsere Anliegen und Eindrücke angesichts des direkt vor uns stehenden Objektes mit. Beim Reden über ein absentes Objekt hingegen lässt sich dieses wie beim Schreiben und Lesen nur indirekt vermitteln: es wird uns letztlich durch jene zwei Denkfiguren vor Augen gerückt, die am engsten mit der Muse verbunden sind – der Evokation und der Invokation.

Mit dem ›e-vocare‹ wurde sie einst aus der Erde und dem Wasser heraus- und herbeigerufen – und mit dem ›in-voco‹ in einen Kreidekreis, ins Ich oder auf eine Seite, mittels der Magie eines Gebets, des Alphabets oder des Vermögens der Erinnerung. Die Muse verkörperte diese innere Stimme, ein insbesondere im Gedicht musikalisches Vokalisieren jener Dinge und Menschen, die von ihr mittels Worten, Sätzen, Versen, Strophen ins Leben gerufen werden, um Abwesendes in der uns gewohnten Art der Permanenz erscheinen zu lassen: auf dem Holz, Wasser und Gestein von Papier, Tinte und Pigment oder, ihrem virtuellen Wesen heute gerecht, in den Pixeln eines Bildschirms.

Absentes evozieren zu wollen, es herbeizurufen, herbeizureden, herbeizuschreiben bezeugt Verlangen und Sehnsucht danach. Denn auch das ›Verlangen‹ drückt etwas schon allzulang Abwesendes aus, das durch das Präfix ›ver‹ transitiviert wird, um diesem langwierigen Warten ein Ziel zu geben. Das Hoffen darauf gerät sodann zu einem Seelenzustand, den der Begriff ›Sehnsucht‹ für krankhaft erklärt, da ›Sehnen‹ ursprünglich das Erschöpfende, Abschlaffende der Anspannung des Erwartens bezeichnet und ›Sucht‹ das innerlich Sieche daran.

Indem die Sehnsucht sich dem platonischen pothos vergleichbar auf ›anderswo Seiendes und Abwesendes‹ richtet, lässt sich alles darauf projizieren: Heiliges, Ewiges und Übernatürliches ebenso wie vermeintlich in der Natur zu findende Glückseligkeit und Vollkommenheit. Je mehr man nach Unerreichbarem verlangt, desto mehr wird das Sehnen an sich zu etwas scheinbar Konkretem, einer wahnhaften Wirklichkeit, in der man vor allem eines erfährt: sich selbst. Denn was anderes würde in diesem von allem und jedem abgelösten, nur noch auf seine Wünsche oder Ängste bezogenen Sehnen erscheinen als das eigene Ich? In nichts äussert es sich wohl unverstellter – und zugleich schöpferischer – als im Verlangen nach dem, was sich uns verweigert.

Auf Begehrlichkeiten nach etwaigen Musen hatte schon Boccaccio die richtige Antwort, wenn er deklarierte, dass wir ebensowenig bei den Musen verweilen könnten wie sie bei uns. Er wandte jedoch ein, dass man sich daran erfreue, Wesen zu sehen, die ihnen ähnlich seien. Vermöchten auch Frauen nicht, was Musen vermögen, meinte er, glichen sie ihnen zumindest auf den ersten Blick. Sie müssten mir schon deshalb gefallen, so Boccaccio, weil ihm »Frauen schon Anlässe zu tausend Versen gegeben haben, die Musen jedoch nicht zu einem einzigen«. Wie sich das wenden kann. Mir erschienen die Musen stets als narzisstisch (der Teich, in dem Narziss sich spiegelte, lag nur wenige Kehren weiter an dem Fluss, der im Musental entsprang), indem sie alles feinsinnig schätzten, was sich auf sie bezog, sie damit jedoch nie recht zufrieden waren. Sie forderten einen dadurch noch mehr heraus: was, da sie nie wirklich von etwas genug bekamen, einen anspornte, um immer wieder besser zu scheitern.

In diesen Begierden nach sich Entziehendem, das nicht nur abwesend, sondern sich oft auch abweisend gebahrt, geht jedoch selbst die darin steckende Gier nicht nur etymologisch auf das Gernhaben zurück: in dem die eigentliche Wurzel aller Poesie liegt. Ohne sich in etwas einzufühlen, ohne Empathie für seinen Gegenstand vermag man über nichts zu schreiben, umsomehr, wenn es sich um Holz, Wasser oder Gestein handelt: man muss dafür schon die Menschen, die Dinge und die Natur lieben.

Man beginnt sie allerdings meist erst durch ihre Absenz in all ihrer Wirkungsmacht zu erfahren und ihre Umrisse und Eigenschaften klarer zu erkennen: um in sie mittels der Architektur eines Gedichts – seinen vertikalen wie tangentialen Reimen, den einander widerspiegelnden Zeilenlängen – präsent und anschaulich werden zu lassen. Auf diese Weise habe ich versucht, mittels der Konstruktion unterschiedlicher Themen – die Gedichte

Sondierungen hiefür – ein Bild der Absenten zum Vorschein kommen zu lassen. Indem ich auch jetzt noch abendelang auf der Terrasse sitze und einzelne Worte in den Zeilen auf dem Schirm umstelle, streiche, ersetze, tue ich nichts anderes, als einen vergangenen Moment, in dem alles eine Mitte hatte, da war, gedacht, gesehen, gesagt, wieder aus dem Zwischenraum der Erinnerung zurückzuholen, um ihm eine Gestalt zu geben. Das Abwesende ist zunächst bloss eine Frage … und so erneut von vorn.

GEDICHTBÄNDE

Makame 1989
Rime 1991
Sub Rosa 1993
Hotels 1995
Tropen. Über das Erhabene 1998
Weissbuch. Über das Heilige 2004
Liebesgedichte 2010
Die Kunst an nichts zu glauben 2015

Ich danke der Sektion I V des österreichischen Bundesministeriums für Kunst und Kultur, Robert Stocker, für die Unterstützung der Arbeit an diesem Buch.

1. Auflage 2023

ISBN 978-3-446-27633-8
© 2023 Carl Hanser Verlag GmbH & Co. KG, München
Umschlag: Peter-Andreas Hassiepen, München
Motiv: © Mondadori Portfolio/Electa/Luca Carrà / Bridgeman Images
Satz im Verlag
Druck: Friedrich Pustet, Regensburg
Printed in Germany